VESUVIO

MARCO D'AMORE
FRANCESCO GHIACCIO
VESUVIO

Testo: Marco D'Amore e Francesco Ghiaccio

© 2021 DeA Planeta Libri s.r.l.
Redazione: via Inverigo, 2 - 20151 Milano
www.deaplanetalibri.it

Tutti i diritti sono riservati. Nessuna parte di questo volume può essere riprodotta, memorizzata o trasmessa in alcuna forma o con alcun mezzo, elettronico, meccanico, in fotocopia, in disco o in altro modo, compresi cinema, radio, televisione, senza autorizzazione scritta dell'Editore. Le fotocopie per uso personale del lettore possono essere effettuate nei limiti del 15% di ciascun volume/fascicolo di periodico dietro pagamento alla SIAE del compenso previsto dall'art. 68, commi 4 e 5, della legge 22 aprile 1941 n. 633. Le riproduzioni effettuate per finalità di carattere professionale, economico o commerciale o comunque per uso diverso da quello personale possono essere effettuate a seguito di specifica autorizzazione rilasciata da CLEAREdi, corso di Porta Romana, 108 - 20122 Milano, e-mail info@clearedi.org e sito web www.clearedi.org

Stampa: PuntoWeb s.r.l., Ariccia 2021

*Dedicato a chi dentro ha un vulcano
che non vuole spegnersi.*

1.

Quattro scooter sbucano a mille all'ora dall'oscurità di Port'Alba. Hanno il motore truccato e fanno casino e puzza, schizzano fuori dall'antica porta come sputati dalla bocca fetente di un orco.

«Nun ce veco niente» grida Federico, accendendo i fari.

Tutti lo imitano.

Federico è alla guida del primo scooter, ha gli occhi blu e i suoi capelli biondi sono scossi dalla velocità. Sfreccia sicuro, schiena dritta: sembra un principe in guerra al comando della sua armata.

Seduto dietro di lui c'è Mimmo detto Hackèr, è quello che ha truccato i motorini e il lavoro l'ha fatto alla grande. Gli altri due della banda, Gennarino 'o Professore e Peppe 'a Purpètta urlano selvaggi, eccitati dall'impresa di seguire Federico appresso ai due scooter rivali da buttare a terra e distruggere.

Chi perde è niente, non tiene le palle, ripete Federico dentro di sé.

I motorini svoltano bruscamente in via San Pietro a Majella, il vico stretto dove sta il Regio Conservatorio, si spingono e si urtano fino a sfiorare i muri, frenano e ripartono continuamente nella corsa disperata di acchiapparsi e sfuggirsi.

«*Pu puuuuuuu pu puuuuuuu!*» strilla con voce e occhi da pazzo Gennarino 'o Professore, staccando le mani dal manubrio e portandole alla bocca per imitare una tromba.

Sbucano in via dei Tribunali, la strada più lunga di Napoli, quella che in epoca greca conduceva all'Agorà, oggi piazza San Gaetano. Ma i centauri se ne fregano della Grecia e dell'urbanistica: in questa alba fredda di inizio dicembre vale solo vincere la battaglia e sconfiggere i nemici.

La pavimentazione sconnessa del centro storico e la velocità rendono la guida pericolosa, ogni minimo errore potrebbe essere fatale. Eppure Federico, tredici anni corsi d'un fiato, non ha paura, sa che Napoli non lo tradirà mai, sa che in quei vicoli è tutto magico e, allo stesso tempo, tutto vero e spietato, tutto da conquistare. Come Susy.

«Che c'è? Te si 'ncantato?» fa la ragazza dando gas, poi ride forte con quel suono tutto suo che incanta e seduce.

È lei che comanda l'altra banda.

Ha tredici anni come Federico, gli occhi neri neri come i capelli e la frangetta dritta, sente di essere una guerriera, altre volte invece vorrebbe essere soltanto una ragazza come tante.

Susy accelera, le altre della banda ridono della sua battuta. Una sta in sella dietro di lei, le altre due sul secondo scooter.

Le Sirene di Susy, si fanno chiamare.

«Lo so che non è un nome originale, però mi piace così, mi

piace sembrare banale e poi sorprendere» ha detto Susy una volta.

Federico ha gli occhi che gli lacrimano per la velocità, fa un cenno ai suoi, che eseguono una manovra per avvicinarsi alle ragazze, e sembra ringhiare mentre grida: «Fermati! Vedi che ti faccio!»

«Ma che me vuó fa'?» risponde Susy, fingendo uno spavento esagerato, e giù di nuovo tutte a ridere.

Mentre i motorini sfrecciano, Napoli si sveglia.

Si svegliano i bar, le panetterie, l'odore sacro del pane che i turisti sentiranno di vicolo in vicolo, i panni stesi, il traffico aggrovigliato come un rebus, le voci in dialetto dalle finestre.

Tantissimi occhi guardano queste due bande di ragazzini che sfrecciano come matti, sfidando loro stessi e la morte.

Piazza San Gaetano è stretta e lunga, al centro si erge la statua del santo che sta con le braccia aperte ad accogliere il mondo. Verso di lui si proiettano i quattro scooter come kamikaze che puntano l'obiettivo.

I componenti delle bande vedono il basamento di pietra della statua e rallentano, conoscono la capa tosta dei loro capi e sanno che l'ambizione li porterebbe a farsi male veramente: «*Fermati, Federì!*», «*Susy, frena!*»

Le voci grevi e terrorizzate dei tre maschi si mischiano a quelle più acute e perentorie delle tre Sirene, insieme formano una preghiera corale e insistente che, purtroppo, non ha effetto alcuno. «*Fermati!*», «*Frena!*», ma Susy e Federico non sentono, si guardano, occhi negli occhi, e continuano senza prestare attenzione alla strada.

Occhi accesi di rabbia, di competizione, di furia.

A ottanta all'ora in motorino il mondo intorno corre via a razzo, ma per Federico e Susy sembra fermo, senza suono, senza paura.

«*Fermati!*»

«*Frena!*»

Intorno pare non si oda più niente, i rumori svaniscono, né rombi dei motori, né voci degli amici, niente. Pochi secondi in cui Federico e Susy vivono uno spazio e un tempo tutto loro, a mille all'ora, come vorrebbero vivere tutta la vita.

Federico sembra incantato di nuovo, gli succede sempre quando il suo sguardo si posa su quella frangetta che vola via, quegli occhi neri e quel sorriso dolcissimo da stronza.

Susy lo sa. Sa che effetto ha la propria bellezza sui maschi. Federico le sorride. Ha perso. Susy appoggia il piede sulla scocca del motorino di Federico e pratica una lieve pressione per poi rilasciarlo.

A quella velocità il tocco è sufficiente per provocare la caduta. Federico perde l'equilibrio, la ruota anteriore sterza bruscamente lanciando in aria i suoi due passeggeri.

«Grazie, San Gennà» grida Mimmo Hackèr stampandosi di pancia sul telo di un camion parcheggiato, cadendo a terra stordito e baciando l'immagine del santo che tiene al collo con la catenina della prima comunione. «Grazie pure a te, San Gaetà» aggiunge aprendo le braccia alla statua.

Federico finisce in scivolata lungo una bancherella del pesce appena allestita e il pesce fresco, per un attimo, riprende vita, schizzando ovunque. Un pesce spada gli infilza la camicia, seppie e totani gli entrano nei pantaloni, cozze e vongole nei capelli e un salmone gli molla un ceffone in piena faccia.

Federico, steso là in mezzo, cerca il coraggio e la dignità che l'hanno sempre contraddistinto in ogni occasione, ma non li trova. Vorrebbe morire.

Susy scende dal motorino, fa un segno alle sue Sirene. Loro iniziano a tenere il tempo con rumori di bocca, naso, gola e colpi sul petto. In due fanno musica, musica vera, la terza riprende tutto con il telefono mentre Susy si avvicina al povero Federico muovendosi a scatti. Esegue una coreografia precisa provata mille volte davanti allo specchio. Si lancia in un rap sparato tutto di un fiato:

Hai visto che succede a sfidare le Sirene?
Vai col culo a terra e non so se ti conviene.
Se le Sirene cantano,
t'incantano, ti schiantano.
Tu provaci a resistere, ma tanto poi ti mancano.

Il cuore di Federico si spezza, vorrebbe scendere negli abissi dei mari e non tornare più, non sentire il canto terribile di Susy.

Fate tanto i grandi,
vi sentite dei padroni,
però nei vostri sguardi
vedo solo dei buffoni.
'Sta guerra non è fatta per dei pesci piccolini.
La bua vi siete fatti? Dai succhiatevi i ditini.

Susy non contenta di aver steso il suo rivale, si rivolge ai soldati che osservano smarriti il loro generale sconfitto.

Scappa da questa vita, se non sei capace.
Perché questa è una guerra e non esiste pace.
Boom!

Fine della battaglia.

Le Sirene salgono sugli scooter e vanno via lasciando Federico tra i pesci. Restano il suono delle loro risate e il peso delle parole. E quel *Boom* finale, come una bomba che spacca tutto.

«Statte bbuono, Vesuvio!» grida Susy sgommando via.

Solo allora Peppe e Gennarino cercano di aiutarlo, ma la puzza di pesce è talmente forte che non riescono a mascherare il disgusto, mentre si tappano il naso nell'incavo del gomito.

«Disgraziato! Fetente! Carogna! 'Sto pesce è da buttare, adesso! Ti rompo 'a capa!» fa il pescivendolo, che fino a quel momento se ne era rimasto con le mani tra i capelli a guardare la bancarella rivoltata sottosopra. Agita per aria una scopa come fosse una spada, ma anziché spaventare Federico lo rianima.

«Statte zitto!» esclama saltando in piedi. «Io te la brucio la bancarella tua!» Il volto del ragazzo è trasfigurato dalla rabbia.

Il pescivendolo arretra, come davanti a un animale pericoloso.

«Nun te permettere mai più di farmi una minaccia a me, 'e capito? Avite capito tutti quanti?» grida Federico contro gli altri ambulanti.

Nessuno osa replicare, i presenti fanno qualche passo indietro, in ritirata.

Federico si guarda intorno. Sale sullo scooter, dà un colpo di pedale e mette in moto lasciandosi tutto alle spalle.

Anche gli altri ripartono, solo il pescivendolo resta immobile davanti alla sua bancarella distrutta.

Si passa una mano sul volto mangiato dalla fatica e sospira. «Peste della terra siete.»

2.

La casa di Gennaro Licata è piena di segreti.

Vista da fuori è una villa anonima come ce ne sono tante, con il muro di cinta e un cancello che un teppistello qualunque potrebbe sfondare con un calcio. Oltre le sbarre si vede solo un giardino curato ma non si sa da chi. Dalla strada non si scorgono le finestre: sono coperte da ampie palme, in modo che nessun passante possa mai e poi mai riconoscere qualcuno dietro i vetri o sul balcone.

Nessuno esce e nessuno entra dal cancello d'ingresso e, in ogni caso, nessun teppistello si sognerebbe mai di tirargli un calcio. Dall'interno della casa non si sente mai provenire il suono di una voce, o di una risata o di una TV dimenticata accesa. Nemmeno si vede il riverbero di una luce, i suoi abitanti sembrano vivere in un buio perenne.

La casa fantasma, la chiamano nel quartiere. Eppure non c'è anima viva che non sappia che lì ci abita Gennaro Licata, boss della camorra che regna incontrastato su mezza Napoli.

Gennaro Licata ha poco più di quarant'anni, molti boss alla sua età stanno già sottoterra, invece lui è vivo anche se vive la sua vita come un fantasma.

Per poter accedere alla casa devi essere un fantasma pure tu, devi avere tanti segreti pure tu, devi essere un altro boss, oppure un politico corrotto, o un grande imprenditore senza scrupoli.

Il modo per entrare è uno solo: bisogna passare dal garage di una casa situata in una via parallela, a circa cento metri di distanza dalla villa. Una volta dentro, devi superare i controlli. Sollevare una botola, scendere una scala. Arrivi quindi in un tunnel fiocamente illuminato che termina con la porta blindata del sotterraneo. Qui non rimane altro che bussare.

Se bussi a quella porta, però, devi essere atteso, altrimenti nel migliore dei casi troverai solo silenzio.

Oppure sei Federico, detto Vesuvio, il figlio del boss.

A lui basta suonare il clacson e il cancello del garage si apre immediatamente.

Federico percorre sempre il tunnel a tutta velocità ma adesso gli sembra difficile colmare i pochi metri che lo separano da quella porta, perché sa che suo padre lo sta aspettando.

Gennaro Licata sa sempre tutto prima di tutti e sicuramente sa quello che è successo a piazza San Gaetano. Ora gli toccherà subire la sua ira, i suoi insulti e quella voce così nera e profonda che sembra venire da una caverna.

Non doveva accadere, Federico non doveva mettersi nei guai di nuovo. Suo padre lo aveva avvertito.

Non mi succederà niente, non mi farò male, continua a ripetere a se stesso come in un mantra benefico.

Federico digita il codice segreto senza guardare, apre la porta blindata del tunnel ed entra in punta di piedi. È l'accesso al bunker di casa Licata, un seminterrato di circa cento metri quadrati insonorizzato e climatizzato, adibito a sala riunioni in tempo di pace, a rifugio in periodo di guerra, a locale per festeggiamenti quando c'è da festeggiare.

Bam!

Un rumore improvviso lo fa sobbalzare.

Federico guarda verso una delle porte che stanno sul lato sinistro del bunker. Resta immobile diversi istanti. Silenzio. Muove qualche passo ma sente i muscoli contratti dalla paura.

E poi ancora... *Bam!*, più forte di prima.

Viene dalla cucina, dice tra sé. *È mio padre, ma che fa?*

Federico non vuole saperlo, si avvicina alla parete su cui è affisso un quadro con il volto di San Gennaro. Fa una leggera pressione, ed ecco che la parete inizia ad aprirsi, svelando un passaggio segreto che conduce al piano superiore, dove c'è la casa.

«Federììì!» grida la voce di suo padre, dall'altra parte. «Federììììììììì, ti stavamo aspettando! Vieni qua, vié.»

Gennaro Licata ha tuonato.

Federico obbedisce camminando lentamente, anche se il suo istinto gli parla chiaro e dice: *Torna indietro, torna indietro, torna indietro*.

«Eccoti, finalmente» lo accoglie suo padre.

Il boss ha una fascia bianca legata in fronte e indossa una canottiera che gli mette in evidenza il petto. Armeggia con un coltello da cucina lungo e sporco, alza il braccio e poi lo fa ricadere, tranciando di netto la testa di uno scorfano.

Bam!

«Mi piacciono assai i coltelli» dice. «Questo si chiama *Santoku*: il coltello dalle tre virtù, è giapponese. So' fort 'e giapponesi.»

Gennaro Licata non sta parlando solo con suo figlio. Davanti a lui c'è il pescivendolo a cui Federico, quella mattina, ha distrutto il banco.

«Pisciaiuò, qual è la virtù più importante per te?»

«Non lo so» risponde il disgraziato, rigirando il cappello tra le mani, senza alzare lo sguardo da terra.

«Non lo sa» fa Licata rivolgendosi a Mimmo 'o Camiòn, il suo bodyguard. Lo chiamano 'O Camiòn perché è così grosso che può travolgere qualsiasi cosa, ma lo fa solo al comando di Licata.

«Camiòn, hai visto che è arrivato mio figlio?»

«Ho visto» risponde quello senza muoversi.

«Mettigli un grembiule.»

L'uomo va verso i cassetti della cucina, tira a sé quello di mezzo, ma i grembiuli non ci sono. «Scusate, Don Gennà, non li trovo perché non li metto mai i grembiuli.»

Licata scoppia a ridere. Ha una risata grassa che gli fa dare qualche colpo di tosse. «Guarda nell'ultimo cassetto, mettine uno anche tu, Camiòn» dice al bodyguard.

Mimmo 'o Camiòn obbedisce: prende un grembiule e lo lega alla vita di Federico, poi ne sceglie per sé uno con le paperelle e lo indossa. *«Qua qua qua»* fa, piegando le braccia e muovendo i gomiti su e giù per imitare una papera.

Licata se la ride, si leva la fascia bianca che ha in testa, la lega sulla fronte di Mimmo, lo bacia su una guancia. «Te voglio bene assaje, Camiòn.»

Federico sente una fitta allo stomaco, quelle parole gli bruciano, alza lo sguardo su suo padre.

«Ah, finalmente guardi tuo padre. Gli uomini non guardano mai a terra» dice Licata, prendendo un altro scorfano dalla montagnola sul tavolo e tranciando un'altra testa.

Bam!

«Federì, ho visto che sei andato a fare la spesa stamattina, e... hai preso un sacco di pesce!»

Mentre Licata ride e 'O Camiòn lo imita, levandosi gli occhiali da sole e asciugandosi le lacrime, il boss passa il coltello a Federico.

«Già che hai il grembiule, dammi una mano. E... Pisciaiuò, me la vuoi dare pure tu na mano?»

L'uomo guarda il boss senza capire.

Federico, invece, ha capito tutto.

A un cenno di Licata 'O Camiòn scatta. Immobilizza il pescivendolo, gli prende il braccio e lo blocca sul tagliere, accanto alle teste tranciate via.

«No, vi prego, ho famiglia, devo lavorare!» supplica il pescivendolo cercando di liberarsi. «Vi prego!»

Gennaro Licata non sente. Ora ha occhi solo per Federico. «Se vuoi stroncare, devi farlo con un colpo netto» spiega, mentre fende l'aria con un colpo che si ferma a un millimetro dal polso dell'uomo.

«È svenuto» dice 'O Camiòn schiaffeggiandolo deluso.

«Hai capito, Federì? Invece se vuoi sfilettare, devi lavorare di fino.»

Federico non risponde, non annuisce, non dice niente. Con suo padre, non fare niente, a volte, è la soluzione migliore.

Licata strappa la manica del pescivendolo, fa scorrere la lama sulla sua pelle. Il pover'uomo si risveglia di colpo.

«Mamma mia e quanto strilli! E se te lo tagliavo veramente, che facevi?»

«Vi prego, Don Licata.» Si lascia scivolare a terra, mettendosi in ginocchio. «Vi supplico, perdonatemi! Non lo sapevo che era vostro figlio! Non mi sarei mai permesso! Credetemi! Tengo due figli piccoli!»

«Non devi chiedere scusa a me, ma a lui.» Indica Federico.

«Non fa niente, papà» dice Vesuvio abbassando gli occhi al pavimento.

«Non guardare a terra!» Licata punta la lama contro il figlio e subito cade il silenzio.

Il pescivendolo singhiozza appena.

Federico si morde forte la lingua e alza lo sguardo contro quello di suo padre.

«Accussì, bravo.» Licata abbassa la lama. «Ora senti che farai, pescivendolo.»

«Tutto quello che volete!»

«Hai due possibilità. La prima: prendi questo coltello e ammazzi mio figlio come sono sicuro che vuoi fare.»

«No, ve lo giuro!»

«Ascolta, se mi interrompi ancora deciderò io e non sarà a tuo favore. Prendi il coltello e ammazzi mio figlio, dicevo. Poi, sicuramente, per uscire vivo da qui dovrai uccidere anche me, cosa che ti assicuro ti renderò difficile. Ma anche ipotizzando che tu riesca nell'impresa, ti resterebbe sempre l'ultimo grande ostacolo da buttare giù, il qui presente Mimmo 'o Camiòn: lui sì ti farebbe vedere quanto può essere animale un uomo.»

«*Qua qua qua*» fa di nuovo il bodyguard, muovendo i gomiti.

«Non è il momento di fare lo scemo, Mimmo» lo fredda Licata. «Oppure, la seconda possibilità. Invece di ammazzarci tutti quanti... canti una canzone, una canzone per chiedere scusa a mio figlio, visto che a lui le canzoni gli piacciono tanto. Stamattina gliene hanno cantata una per intero e lui non ha detto niente, se n'è stato nascosto sotto i pesci zitto zitto.»

Quando si tratta di fare male, Gennaro Licata non fa distinzioni, colpisce e basta. Se vuole ferire ferisce, se vuole uccidere uccide. Dipende dal coltello che sceglie di usare. A volte, però, sceglie di seguire una terza strada più subdola e feroce, che scava nell'animo, quindi ancora più dolorosa. E lo sa bene che sta facendo male a suo figlio.

«Devo cantare una canzone?» domanda il pescivendolo con voce tremolante.

«Solo se la tua scelta è questa.»

L'uomo si guarda intorno, tra lo spaventato e l'incredulo. «Che canzone devo cantare?»

«Che canzone, mi chiedi... Dato che le scuse sono per mio figlio, lasciamo decidere a lui.»

Federico risponde all'istante: «Quella preferita di mamma».

Licata non lascia trasparire emozione, ma Federico sa di aver colpito nel segno.

«Pisciaiuò, la conosci *Maruzzella* di Carosone? E allora canta, con bella voce, non ti risparmiare.»

'O Camiòn afferra l'uomo per il colletto e lo tira su di peso, spostandolo in mezzo alla stanza.

Il pescivendolo, sballottato come una scopa, chiude gli occhi, obbedisce: «Maruzzella Maruzzè...»

Questa struggente canzone racconta di una donna paragonata a una "maruzzella", una chiocciolina di mare. Era la preferita di Luisa, la mamma di Federico. La cantava ogni volta che si sentiva triste e le metteva allegria. Ogni tanto a Federico pare ancora di sentirla, come in un ricordo così lontano da sembrare un sogno. Gli sembra di sentire quella voce piena di emozione spandersi per la casa e riportare la vita.

«Scuse accettate?» domanda Licata al figlio.

«Accettate» risponde Federico senza abbassare lo sguardo, senza paura di mostrare la lacrima che gli è sfuggita nel sentire la canzone della mamma.

«Posso andare?» domanda il pescivendolo.

«Un momento, ora è il turno di mio figlio che deve chiedere scusa.»

Federico obbedisce. Non ha mai messo in discussione un ordine diretto del padre. Qualche volta si è cacciato nei guai, come ora, qualche altra volta ha sbagliato o fatto casini, ma disobbedire a un ordine mai.

«Scusate, avete ragione, la colpa è mia, non succederà mai più.» Poche parole pronunciate con la voce rotta dalla vergogna.

«Apposto accussì, pisciaiuò, prendi pure questi per il disturbo» dice Licata, allungandogli una mazzetta di banconote da cento euro.

L'uomo prende i soldi titubante e 'O Camiòn lo trascina fuori dal bunker.

Quando Licata e Federico restano soli, il boss ripone il coltello in un astuccio nero, insieme ad altre lame. «T'ha fatto fare na bella figura 'e merda, la ragazzina, eh?»

Federico resta lì impalato, senza abbassare lo sguardo ma senza sapere che dire.

«Te ne sei stato sotto quei pesci come un vigliacco. Perché non hai reagito? La prima delle virtù è il rispetto, ma non il rispetto che gli altri hanno verso di te, il rispetto che tu devi avere verso te stesso. Se non ti rispetti tu per primo, non ti rispetterà mai nessuno.»

Parlare in italiano per Licata è fondamentale, perché lo sforzo che fa nel pronunciare frasi grammaticalmente corrette lo aiuta a essere lucido. Quando si abbandona al suo dialetto, viscerale e incontrollabile, diventa una furia. Ma Federico ora la sente arrivare, quella furia.

«T'avevo detto di non fa' casini e invece state sempre a fa' burdello con quelle muccoselle. Tutta 'a ggente che comando mi obbedisce perché aggio purtato 'a pace, e tu lo sai quanto ci è costata. 'E capito?» Licata scatta in piedi, sbatte un pugno sul tavolo e sbraita in faccia al figlio. «Quindi se prima t'aggio lasciato libbero, mo decido io. Da oggi la banda è sciolta, gli amici tuoi non voglio che li vedi più. Sciogli la banda o ti muro vivo nel bunker!»

Queste ultime parole sono il finale che non ammette replica, il taglio della testa.

3.

Federico entra nel bar di Johnny e schiocca forte la lingua, come un cowboy che richiama il suo cavallo.
Tchh tchh.
E in effetti un cavallo risponde: si tratta di quel pazzo di Johnny, che sta dietro al bancone.
Il suo bar sta là da anni, è sempre uguale, non cambia mai. L'insegna al neon che di notte si illumina di rosa con la scritta BAR JOHNNY, la porta a spinta – tipica dei saloon –, gli sgabelli alti in legno, il bancone mezzo arrugginito su cui Johnny lancia le bibite e... Johnny stesso. Che in realtà si chiama Giuseppe. Ma è fissato con l'America da quando, ancora bambino, ha visto un vecchio western con John Wayne, *Il Grinta,* e da quel momento gli è venuta la malattia dell'America. In America non ci ha mai nemmeno messo piede, ma per tutti è diventato Johnny l'americano.
«*Yes, baby, twist again!*» dice ogni volta che fa un caffè a una signora, oppure: «*Shoot, Gringo! Shoot!*», se il caffè è per un

uomo. Ogni volta fa una piroetta su se stesso e la conclude con i pollici in su.

Solo il caffè non è americano, ed è il migliore di tutta Napoli.

«*Go out, cowboys!*» grida Johnny a tutti i clienti, non appena vede Federico.

Gli avventori obbediscono, barcollando a testa bassa fino all'uscita, qualcuno già ubriaco. Portano via la tazzina quelli che sorseggiavano il caffè, escono veloci persino quelli con il panino provola e mortadella ancora in bocca. Nessuno fiata perché tutti, nel bar di Johnny l'americano, sanno chi comanda a Napoli.

Solo la moglie di Johnny, Carmela detta Cheyenne, resta al suo posto dietro la cassa. Alza la testa dal giornale con l'oroscopo, che è come la sacra Bibbia per lei, e rivolge un saluto al giovane boss. «Stanno là, come al solito.»

«Grazie, Cheyenne» dice Federico.

Prima di aprire la porticina, si volta di scatto e spara con indice e pollice a Johnny, che non fa in tempo a estrarre la sua pistola immaginaria e casca a terra morto.

Dietro la porticina si nasconde una sala giochi con il biliardo, i tavolini verdi e le macchinette videopoker. A quell'ora del mattino è troppo presto sia per la carambola sia per i giochi d'azzardo con le carte, invece i disperati che si attaccano alle macchinette hanno già sperperato mezzo stipendio o mezza pensione e ora si aggirano senza meta per la città. Dunque la saletta è tutta per la banda di Federico.

Le cosce tornite di Peppe 'a Purpètta penzolano allegramente mentre se ne sta seduto sul tavolo da biliardo a divorare un panino porchetta e melanzane piccanti, chiamato

Freccia Avvelenata, fatto dalle sapienti mani di Cheyenne.

«Ma com'è possibile che tieni sempre 'sta fame?» ride Gennarino 'o Professore, secco come un chiodo, lui.

«La colazione è il pasto più importante della giornata. Se lo salto, sto agitato tutto il giorno!»

Mimmo Hackèr si limita a guardarlo storto. Sta lavorando su un aggeggio tutto fili e metallo che ha l'aria di essere una ricetrasmittente. Nessuno di loro ha ancora visto Federico, che li osserva dal buio, tra le slot.

«Tenete pure 'o coraggio di ridere?» dice con tono freddo e duro, facendo un passo avanti nel momento in cui alle macchinette videopoker la luce passa da nera a rosso fuoco.

I tre della banda si trovano davanti il Vesuvio in eruzione.

«Mi sento come gli apostoli dopo la Resurrezione» dice Gennarino 'o Professore. «Non credo ai miei occhi.»

«'O Professore» lo apostrofa Federico avanzando verso di loro. «Sono contento che hai mantenuto il tuo umorismo. Perché io sto incazzato nero.»

«Che è successo?» domanda Mimmo Hackèr.

«Che è successo, dici? Ti sei scordato il volo che abbiamo fatto ieri mattina? E voi?» rivolgendosi a Purpètta e 'O Professore. «Vi faccio portare un drink? Un hamburger?»

I tre della banda tacciono, al capo non si ribatte.

«È passato nu juorno intero da quando le Sirene ci hanno fatto fa' chella figura 'e merda. Manco un messaggio m'avete mandato.»

«Pensavamo... volessi stare solo.»

«Ah, sì? Avete ragione, è meglio se 'sta banda la sciogliamo proprio.»

«Che dici, Vesù?»

«Che dico?» tuona Federico detto Vesuvio. «Dico che se dobbiamo diventare la barzelletta 'e Napule, è meglio che ognuno va per la strada sua. 'Sta banda è meglio se la sciogliamo, non voglio essere più il vostro capo.»

I tre restano basiti. Nessuno si sarebbe aspettato che Federico se la prendesse tanto. Purpètta deglutisce il boccone che ha tenuto immobile tra i denti da quando è apparso Vesuvio.

«Che c'è, Purpè?»

«Niente.» Il ragazzo tossisce. «Niente da dire.»

«È giusto, non c'è più niente da dire, hai detto bene.»

Si fa di nuovo silenzio, i componenti della banda sono confusi.

«Vesù, te la posso fa' una domanda?»

Federico fa un passo verso 'O Professore e lo fissa negli occhi. «Di'.»

«Senza che ti incazzi, però.»

«Hai paura?»

«Sì, ho paura.»

«Fammi 'sta domanda.»

«Tu non vuoi più essere il nostro capo o non vuoi più essere capo? Cioè, mi spiego meglio… Siamo noi che non andiamo bene o sei tu?»

Federico era uscito di casa per sciogliere la banda, come gli aveva ordinato suo padre, l'aveva accettato, era riuscito a farsene una ragione. Ma non aveva pensato che sarebbe stato così difficile dire addio ai propri amici.

«Non ha importanza quello che voglio io. Ora è giunto il momento di… rispondere agli ordini.»

«Quali ordini?» domandano in coro i tre.

«Ordini di mio padre.»

I tre si rimettono sull'attenti, perché Gennaro Licata in persona ha dato un ordine.

«Ha ordinato di vendicarci» chiosa Federico all'improvviso.

La sala giochi immersa nella penombra e nelle luci intermittenti delle macchinette è pervasa da una strana eccitazione, adesso.

Anche Federico sorride, sapendo di aver disatteso gli ordini di suo padre. E il sorriso di un Licata è la cosa più pericolosa del mondo. «Facciamolo subito» dichiara, sorprendendo anche se stesso.

I tre si lanciano in urla feroci per manifestare la loro adesione, si stringono in un abbraccio di fratellanza che culmina con Federico lanciato in aria e ripreso più volte, il suo nome gridato in coro.

Dall'altra parte del locale, Johnny l'americano sente le grida della banda e chiede alla moglie: «Che dice l'oroscopo?»

Cheyenne sente nel petto un magone. «Dice luna nera» risponde.

Luna nera. Brutta sorte.

4.

«Lo Spirito Santo che state per ricevere in dono, come sigillo spirituale, completerà in voi la somiglianza a Cristo e vi unirà più fortemente come membra vive al corpo mistico della Chiesa.»

Le parole del vescovo di Napoli risuonano alte tra le navate del Duomo pieno di gente. Davanti a lui, sei ragazzi e sei ragazze sono assorti e concentrati nell'ascolto del rito della cresima.

«Voi che siete già stati consacrati a Dio nel battesimo, riceverete ora la potenza dello Spirito Santo e sarete segnati in fronte con il sigillo della croce.»

Susy è tra i cresimandi. È seduta in prima fila, le mani giunte, gli occhi chiusi. Ripensa alla liturgia appena pronunciata dal vescovo e nella sua mente quelle parole prendono corpo trasformandosi in una fantasia rap incontrollabile:

Rime innovative come membra vive,
sputate dalla bocca sulle tue gengive.

E guarda che non gioco
nel diffondere il mio fuoco.
Se non c'hai paura, per me sei proprio loco
Sei morto sei finito.
È il potere del mio Spirito.

Susy sorride soddisfatta, la strofa che ha inventato le piace parecchio e pensa che con le sue Sirene ci tirerà fuori una hit che spaccherà sul Web.

Religious groove... Uà, spacca pure il titolo!, dice a se stessa tenendo appena il tempo con il piede.

Il vescovo si mette a chiamare i cresimandi per nome.

Nunzia Esposito, Carmine Patierno, Antonio Patierno. Si avvicinano i ragazzi, poi i rispettivi padrini e madrine. Le ragazzine sembrano già donne, strette come sono in tailleur dai colori sgargianti e truccate vistosamente, dei maschi si intravedono i primi segni di barba sul mento e ai lati delle labbra.

Concetta Alibrandi, Domenico Sossi, Raffaele Pirrotta.

Il vescovo continua a chiamare, i flash dei fotografi scattano a ripetizione e immortalano i cresimandi, seri e composti.

Jennifer Lima, Pasquale Cosimato. *Assunta Brando.*

Quando sente il suo nome, Susy, fa una smorfia. Non le è mai piaciuto Assunta. È un nome vecchio. Non da rapper.

Susy raccoglie l'abito bianco che le hanno fatto mettere, da sposina, si alza e guarda dritto il fotografo, e suo padre, Cosimo Brando, dietro di lui. Non l'ha mai visto così orgoglioso e commosso.

Si è vestito di tutto punto, grazie al miglior sarto di Napoli, perché a Cosimo piacciono queste *sciccherie*. Gli piace definirsi un delinquente elegante, non vuole essere il solito camorrista cafone. È uno che tiene alla forma, insomma, lo si capisce anche dal fiore all'occhiello, una camelia rosa che fa bella mostra di sé sulla parte alta del bavero della giacca, quella sinistra ovviamente, il lato del cuore. È lì che Susy gliel'ha appuntata. E lui gliel'ha lasciato fare, perché anche se non è d'accordo col suo vestirsi e con quella musicaccia che fa, è la sua unica figlia, il suo amore.

Alle spalle di Don Cosimo Brando c'è il resto della famiglia. Zii, zie, cugini e cugine, nonne e nonni accompagnati dalle badanti, e poi nipotini, parenti acquisiti e ovviamente le immancabili Sirene, che masticano chewing gum a bocca spalancata allo stesso identico ritmo, come in una delle loro coreografie.

Prima di raggiungere il vescovo, Susy lancia uno sguardo a sua madre, Donna Rosa, inginocchiata alla panca con le mani giunte e lo sguardo distante. È sempre così: dimessa, silente, sempre pronta ad assecondare le richieste del marito.

Io non sarò mai così, mamma, le dice Susy sperando possa leggerle nel pensiero.

«E ora, prima di ricevere il dono dello Spirito Santo, rinnovate personalmente la professione di fede, che i vostri genitori o padrini hanno fatto, in unione con la Chiesa, nel giorno del vostro battesimo.» Il vescovo esorta tutti a riunirsi in meditazione e pregare. «Rinunciate a Satana e a tutte le sue opere e seduzioni?»

I cresimandi rispondono tutti insieme: «Rinuncio».

«Credete in Dio, Padre onnipotente, creatore del cielo e della terra?»

«Credo» afferma con decisione Cosimo Brando, la sua voce sopra le altre.

«Credete in Gesù Cristo, suo Figlio, nostro Signore, che nacque da Maria Vergine, morì e fu sepolto, è risuscitato dai morti e siede alla destra del Padre?»

«Credo» sussurra Donna Rosa.

«Credete nello Spirito Santo, che è Signore e dà la vita, e che oggi, per mezzo del sacramento della confermazione, è in modo speciale a voi conferito, come già agli Apostoli nel giorno di Pentecoste?»

«Credo.»

«Credo.»

«Credo.»

Tutti nel Duomo credono. Così dicono.

Susy invece muove le labbra ma non dice niente. Non osa pronunciare quel sacro giuramento, perché lo sa che dentro quella cattedrale si sta mentendo a Cristo. Vorrebbe solo che la giornata finisse, ma sa bene che è appena cominciata.

5.

I giocolieri, gli sputafuoco, gli acrobati, le ballerine vestite e truccate come sirenette, il complesso pop per i più giovani e i mandolinisti che girano tra i tavoli dove stanno seduti quelli più anziani che hanno voglia di ascoltare *qualche buona canzone napoletana*. E poi, palloncini colorati dappertutto, festoni, un piccolo palco con un microfono dove ogni tanto qualcuno sale per fare gli auguri alla festeggiata, provocando le esultanze degli altri invitati. Le portate si susseguono senza soste: antipasti, primi, secondi, contorni, frutta, dolci assortiti in una coreografia di camerieri che si muovono come equilibristi tenendo fino a sei piatti per volta. Il tutto è bagnato da vini bianchi ghiacciati e da rossi sanguigni, tra questi ultimi il preferito di Don Cosimo, il Lacryma Christi.

La famiglia ha voluto un evento memorabile per Susy, a partire dalla scelta del locale *Il Castello delle Meraviglie*. Una roccaforte situata a picco sul mare, con una vista mozzafiato sul Golfo, considerata tra le più belle e costose di tutta Napoli. Ma questo circo non fa per Susy.

Dopo un'intera giornata al centro dell'attenzione, ora che è sera Susy se ne sta chiusa con le sue Sirene in una camera del castello, si sta cambiando d'abito per la seconda volta.

«Che fisico che tieni, Susy! Pure le zizze grosse!» fa Lilli masticando un chewing gum che ormai è pietra, mentre Susy si infila in un tubino di paillettes. «Dai, però, che dobbiamo rientrare. Sbrigati!»

Mimì e Francy ridacchiano, Susy sbuffa. Di rientrare non ha nessuna voglia.

«Tutta 'sta gente non la sopporto» dice mentre finisce di sistemarsi. «'Ste pacchianate, gli auguri, le canzoni neomelodiche! E poi tutti 'sti vecchi rattusi che ti guardano come se non avessero mai visto una ragazza... Li schifo proprio! Ià, facciamo questa entrata trionfale e finiamo 'sta storia!»

La sala è il palcoscenico, l'ingresso è l'enorme scalone che dal piano superiore conduce a quello inferiore, dove stanno gli invitati.

All'improvviso si spengono le luci, un occhio di bue inquadra la lunga scalinata con il corrimano color d'oro. Si fa il silenzio intorno e tutti si tendono per avere una buona visuale su quello che sta per succedere.

Parte una musica soft, Susy compare all'apice delle scale, è bellissima, le paillettes di cui è fatto il suo vestito creano giochi di riflessi che si spandono per tutta la sala.

«Sembra un angelo» dice una voce nell'oscurità.

Susy scende lentamente, gradino dopo gradino. Tutti la osservano applaudendo fragorosamente.

«Evviva Susy!»
«Alla più bella delle figlie di Napoli!»
«Auguri!»
«Cient'anne!»

Don Cosimo Brando prende un bicchiere di cristallo, lo fa tintinnare battendo l'anello d'oro e diamanti che porta sul mignolo della mano destra. Tutti si zittiscono all'istante.

«Figlia mia, quando tua madre mi dicette che era incinta, aggio sperato subito ca era un bel maschio! Forte, muscoloso e femminaiuolo.» Don Cosimo strizza l'occhio ai commensali più vicini, che ridono. «Ma da quel primo juorno che t'ho vista, ti ho amata sempre di più. Tanto che io per te darei la vita... E che nessuno mai si azzardi a toccarti un solo capello, perché sennò se la vedrebbe con me, e io fossi capace di strappargli il cuore a morsi...» dice guardando gli invitati con una rabbia che fino a pochi istanti prima non c'era.

Per un attimo Don Cosimo Brando è rosso, rabbioso. Poi i suoi tratti si addolciscono. Posa un bacio sulla fronte della sua bambina.

Dopo un momento di incertezza, la sala esulta, Don Cosimo accompagna la figlia in giardino, dove stanno allestendo il tavolo dei dolci.

Mentre gli inservienti del *Castello delle Meraviglie* convergono nello spazio aperto per l'ultima fase dei festeggiamenti, un cameriere sgattaiola veloce verso l'uscita sul retro senza mai voltarsi e solo quando è lontano dalla sala si gira per assicurarsi che anche Susy sia uscita in giardino.

Quel cameriere è Peppe 'a Purpètta.

Portando la mano all'orecchio destro, attiva la ricetrasmittente che gli ha posizionato con cura Mimmo Hackèr. «Pronto, pronto, capo, mi senti?»

«Parola d'ordine» risponde una voce metallica dall'altro lato. «Cosa fa un chicco di caffè su un treno?»

«...e mo chi se lo ricorda?» protesta Peppe. «Il cappuccino?»

Dall'altra parte due voci ridacchiano, una terza le zittisce: «Fatela finita». È Federico.

«Manco una parola d'ordine ti ricordi!» ride 'O Professore. «Era l'espresso.»

«Avete sistemato tutto?» si accerta Federico.

«Tutto.»

«Bene. Allora zitti, che tra pochi minuti tocca a noi.»

Peppe annuisce. Dall'uscita sul retro, raggiunge una scaletta in ferro che conduce a un piccolo spiazzo rialzato. Ad attenderlo, appollaiati come soldati, Gennarino e Mimmo. Tutti e tre si sporgono cauti dal parapetto e osservano l'enorme giardino sottostante.

Mimmo porta agli occhi un piccolo binocolo, che punta prima sugli invitati, poi su Susy, poi oltre la piscina, nel verde, dove, nascosto tra le aiuole, c'è Federico che aspetta. «Vesù, manca poco!» gli fa.

«Ricevuto» risponde il piccolo boss. Stacca il dito dal trasmettitore, cerca di spostare un ramo che gli impedisce la visuale, mette la testa fuori dalle frasche proprio mentre arriva la torta. Sette piani di panna, fragole e cioccolato.

Tra brindisi e schiamazzi, tutti si fanno intorno al tavolo.

Federico vede il padre di Susy che le porge un enorme coltello d'argento. «Ci siamo» sussurra Vesuvio ai suoi.

«Ai posti di combattimento» risponde Peppe, mentre Gennarino fa il countdown e Mimmo tira fuori da uno zainetto un piccolo aggeggio metallico rettangolare.

Susy sta per affondare il coltello nel pan di spagna, gli invitati gridano il suo nome dando le spalle al giardino e alla piscina. «Susy! Susy! Susy!»

Federico sbuca dalle aiuole.

«*Vesù, ma che staje facenno!?*» dice Mimmo osservandolo attraverso le lenti del binocolo e mettendo in agitazione gli altri due della banda.

Susy intravede Federico tra la selva umana che le sta davanti. Le pare di avere un'allucinazione, le pare non sia reale, d'altronde le è capitato spesso di sognarlo, anche se non ha mai avuto il coraggio di confessarlo.

Federico fa ancora un passo, si ferma al bordo della piscina, si passa una mano tra i capelli biondi e alza un poco il mento in segno di saluto.

Tra loro passa uno sguardo, sentono entrambi una fitta nello stomaco.

Federico scandisce lentamente tra le labbra una parola di quattro lettere… B… O… O… M…

All'ordine, Mimmo aziona il telecomando; il risultato è immediato e assordante. Le conseguenze catastrofiche.

La carica esplosiva posta alla base della torta a sette piani la fa esplodere con una violenza inaudita.

Le prime a volare via sono le sirene di pasta di zucchero al vertice del dolce, che colpiscono Donna Rosa e imbrattano le tre sorelle gemelle di Don Cosimo. Panna e cioccolato si mischiano ai chili di merda con cui la banda di Federico ha riempito il dolce in una miscela disgustosa che, spruzzata a quella velocità, colpisce chiunque senza lasciare scampo.

Merda sui volti dei boss, merda sul vestito buono di Don Cosimo, merda sulle scarpe laccate delle signore, merda nelle acconciature vaporose, merda sugli addobbi e sui poveri camerieri, merda sulle Sirene di Susy e, ovviamente, merda su Susy.

Che è così vicina alla torta da venirne ricoperta.

Quando il getto si esaurisce, intorno è un'ecatombe, l'olezzo è insopportabile.

C'è chi piange, chi si spoglia, chi vomita. Nessuno è stato risparmiato.

Dopo l'esplosione e il silenzio, l'urlo di Don Cosimo squarcia l'aria, mentre un liquido vischioso e bruno gli cola lungo il colletto fin dietro la schiena.

«Scappiamo» grida Gennarino dando il cinque a Peppe e Mimmo.

I tre si precipitano veloci giù dalla scaletta. Arrivano all'uscita sul retro e montano in moto, in attesa di Federico.

Accendono i motori. Passano i secondi. Troppi.

«Dov'è Vesuvio?»

Federico non c'è. Non ha rispettato il piano e sta ancora a bordo piscina, nello stesso punto in cui ha guardato Susy un attimo prima del botto. Vuole godersi il suo capolavoro, la rovina della ragazza che lo ha umiliato davanti a Napoli e davanti a suo padre.

«È stato isso!» grida uno scagnozzo di Don Cosimo, apparendo all'improvviso alle spalle di Federico e sollevandolo di peso.

Il ragazzo si dimena, ma quell'altro è più forte. «Scappate, guagliù!» grida nell'auricolare ai suoi amici. «Andate via!» urla, mentre l'energumeno lo trascina al cospetto di Don Cosimo.

«'Sta carogna, 'stu nfame, t'aggia accidere! Chesta è l'ultima vota ca fai 'o scemo! Accussì tuo padre, quanno te vò salutà, adda venì 'o cimitero!» Don Cosimo si fa largo tra la gente che urla vendetta. «Levatevi di mezzo, lo voglio nelle mani mie! È nu muorto che respira!»

Federico ha paura ma non abbassa lo sguardo, come gli ha insegnato suo padre.

«Lascialo a me» dice Susy.

La sua voce zittisce tutti, aprendo il muro di gente che ha davanti. Perfino Don Cosimo si volta a guardarla e le cede il passo.

Federico osserva Susy avvicinarsi lenta, inzaccherata fino alle caviglie.

«In ginocchio» dice gelida.

Federico esegue.

Susy allunga una mano che va dritta al collo di Vesuvio fino ad afferrare una collanina e strappargliela via. Sa che quello è l'unico ricordo tangibile che Federico ha di sua madre, un ciondolo portafortuna, una piccola stella d'oro.

Lui abbassa gli occhi, quell'impeto che lo ha spinto a far esplodere ogni cosa si spegne.

«Ora fai l'uomo e guardami 'nfaccia» sibila Susy.

Federico punta gli occhi dentro a quelli di lei, sputa a terra.

È un attimo, in cui tra i due passa un odio profondo prima che il pugno della ragazza lo scaraventi al suolo spegnendo ogni cosa.

6.

Federico sente tra i denti il sapore del sangue, il labbro spaccato che si sta gonfiando. Gli arriva all'orecchio qualche rumore ovattato, lontano. Vede il Vesuvio. Sta sdraiato sui sedili posteriori di quella macchina che sfreccia per le strade, semisvenuto, e vede il Vesuvio.

Sono il Vesuvio, pensa mentre il sangue gli scende in gola con un gusto di ruggine e cenere. Gli sembra di volare e precipitare in continui cambi di traiettoria a velocità folle, senza capire nulla, senza vedere nulla. Un incubo vissuto come fosse cosa vera. Federico trema così forte da vomitare sui sedili della macchina.

«Afammocca!» sbotta il ragazzo alla guida. «I sedili miei!»

Don Cosimo Brando ha scelto di mandare un ragazzo a riconsegnare Federico. «Quando lascerai 'o figlio do boss davanti la porta di quel garage, saranno chiare due cose» ha detto guardandolo dritto negli occhi, in mezzo al cortile del *Castello delle Meraviglie*, di fronte a tutti gli invitati. «'A primma, je saccio qual è l'accesso segreto a casa Licata. 'A seconda, che la guerra è accumenciata.»

E la guerra, a Napoli, sarebbe cominciata davvero perché era stato toccato qualcosa di intoccabile, troppo prezioso perché il boss non contraccambiasse l'offesa. Qualcuno alla cerimonia aveva mormorato che Federico avrebbe dovuto morire subito, ma Don Cosimo non agiva così, ed era il cuore pulsante del nemico che voleva azzannare, non un guaglione buono solo a tirare merda.

Il ragazzo scelto per riconsegnare il figlio di Don Licata, però, non avrebbe mai voluto trovarsi in quella situazione. «Don Cosimo, siete sicuro che non mi ammazzano?»

Era decisamente troppo giovane per morire. Diciott'anni appena compiuti e, a dirla tutta, alla cresima di Susy manco ci voleva andare. Per l'intera cerimonia ha pensato alla sua Rosy, al suo profumo, alla sua gonna e alle gambe di lei sul sedile del passeggero della macchina. È per lei che ha preso la patente, e prima che esplodesse la torta stava messaggiando con lei, accordandosi per andarla a prendere. Ma poi Don Cosimo si era messo in mezzo. E nessuno può dire no a Don Cosimo Brando.

«Se non fai quello che t'ho detto, t'ammazzo io.» Sul finire di quella frase sussurratagli all'orecchio, Don Cosimo aveva alzato gli occhi sul padre del ragazzo, colmo d'orgoglio per il compito così importante che suo figlio stava per svolgere.

Tutti gli altri invitati erano rimasti immobili, sembravano non sentire più il fetore della merda e lo schifo dell'offesa subita. Non sentivano più nulla, perché promesse immaginarie affollavano le loro menti. Palazzi, affari illegali, attività così ricche da non sapere più dove mettere i soldi stavano per essere strappati al nemico, al temuto Don Licata... che non doveva essere poi così forte come tutti dicevano, se suo figlio se ne stava lì a terra svenuto per il cazzotto di una femmina.

Uno per uno, donne comprese, capi e soldati di ogni grado si erano avvicinati per baciare la mano di Don Cosimo, ripetendo: «A disposizione».

A disposizione. Significa, nel linguaggio della camorra, che sei pronto a tutto.

7.

«Nun fa finta 'e durmì» dice Don Licata sedendosi accanto al letto del figlio.

Federico giace nella stanza di un ospedale privato, ha una fascia alla testa, l'ago di una flebo che gli entra nel braccio destro, fuori dalla porta una scorta di uomini capitanati da 'O Camiòn. Sta lì da un giorno e una notte, ma Don Licata è arrivato solo ora.

«'O saccio ca nun staje durmenno» continua Licata, mentre Federico tiene gli occhi chiusi per sfuggire al confronto. «Apri gli occhi, Vesù.»

Quest'ultima frase Don Licata la dice quasi con dolcezza. Federico obbedisce. Non sentiva quel tono paterno da una vita, e allora pensa che, forse, suo padre non lo chiuderà nel bunker, non lo riempirà di botte.

«Come stai?»

«Strano, mi sento strano.»

«Ti fa male la testa?»

«No» risponde Federico.

«Meglio accussì, stattene qua tranquillo. Ce sta 'O Camiòn coi suoi uomini a proteggerti. Po' tra nu paio di giorni, ti devi chiudere nel bunker.» In Don Licata sparisce improvvisamente ogni barlume di dolcezza.

«Perché nel bunker?»

«Sennò t'ammazzano, è scoppiata na guerra.»

Federico, di guerre, non ne ha mai vissute, ma sa bene che le guerre di camorra sono lunghe a finire. L'ha sentito ripetere un milione di volte da suo padre, che è diventato boss combattendo uno scontro lunghissimo e spietato.

«Però volevo dirti una cosa» fa Don Licata dopo quello che a Federico pare un silenzio interminabile. «M'hai fatto tornare giovane di nuovo.»

Sembra quasi che suo padre lo stia ringraziando, ma con lui non si può mai essere sicuri di quello che dice e di quello che vuole farti credere.

«Quando ho sentito quella macchina sgommare via» riprende «e dalle telecamere di sorveglianza ho visto il tuo corpo a terra, t'ho creduto morto e so' uscito fuori correndo e ho rincorso la macchina col motorino tuo. Stavo con la canottiera e il sigaro in bocca, accussì come stavo p'a casa.» Don Licata scoppia a ridere. «E ho tirato fuori la pistola, e mi so' messo a sparare come un pazzo verso la macchina che correva.»

Una febbre esaltante pervade il corpo di Licata, Federico riesce a sentirla e vuole farne parte.

«Era troppo tempo che non mi sentivo bene così. E allora ho pensato... Forse le cazzate che fa mio figlio nun so' tutte sbagliate, forse dietro a tutto questo ce sta nu disegno divino ca me sta dicenno: "Gennà, è arrivato 'o momento che fai vedere a tutti quello che hai sempre voluto fa'".»

Federico sa che cosa vuole suo padre, non è un segreto.

Vuole Napoli, da sempre.

Vuole strappare a Don Cosimo la sua parte, proprio come lui vuole strapparla a Susy.

Per questo quando suo padre dice: «Con 'sta guerra ci prenderemo Napoli», Federico annuisce.

Di certo non ha intenzione di starsene chiuso in un bunker ad aspettare che la guerra sia finita.

Lui ha intenzione di fare la sua parte.

Cioè trovare Susy e ammazzarla.

Solo allora Napoli potrà essere anche sua.

8.

Come me ne esco da qua?, continua a tormentarsi Federico, mentre nel corridoio sente l'andirivieni di medici e infermieri e, dietro la porta chiusa, percepisce l'implacabile ombra di 'O Camiòn che fa da piantone.

È passato tutto il pomeriggio e infine si è fatta sera nella più completa solitudine. Federico non ha mezzi per comunicare con l'esterno, non può tentare una fuga, la finestra dà sul quinto piano. Mentre si scervella per trovare una soluzione, si apre la porta della camera. Sono le 19.30.

Camiòn fa passare due infermiere che spingono il carrellino con la cena. Federico le guarda tristemente: la prima, di circa venticinque anni, ha un fisico esile e lo sguardo basso sulle pietanze da servire. L'altra sembra anziana e allo stesso tempo giovane, i capelli bianchi, i movimenti lesti e nervosi, tozzarella, truccata pesantemente con rossetto, fondotinta e cipria.

Continua a fissare un po' la porta e un po' Federico, come

preoccupata di qualcosa, finché con voce sommessa esclama: «Vesù, so' Peppe!»

«Purpè!» risponde Federico tirandosi improvvisamente sui gomiti.

«Parla piano, che se 'O Camiòn mi becca mi scanna!»

Federico guarda l'altra infermiera, allarmato, ma Peppe lo tranquillizza subito: «È mia cugina Donata, lavora qui, e starà muta».

«Buonasera» le fa Federico, un po' in imbarazzo.

«Sì, bonanotte!» incalza Purpètta. «Hai idea di quello che sta succedendo là fuori?»

«Che sta succedendo?»

«Si spara per tutta Napoli!»

«Davvero?»

«M'hai mai visto con la parrucca, Vesù? Secondo te perché mi so' vestito accussì? Don Cosimo cerca tutti quelli che stanno dalla parte nostra per farli fuori, la guerra è accumenciata!»

«Dovete tirarmi fuori di qui! Dobbiamo vendicarci!»

«Apposta so' venuto!»

«'O Camiòn t'ha riconosciuto? Possiamo stare tranquilli?»

«Me so' guardato allo specchio, nun me so' riconosciuto manco io.»

«Fammi pensare» dice Federico ragionando.

Intanto Donata serve la cena, Peppe apre il sacchetto con le posate monouso e inizia a mangiare il purè.

«Buono... Io mangio, dimmi quando hai pensato, Vesù.»

«Senti una cosa.»

«Che è?»

«Di Susy che hai saputo?»

«Mannaggia a me, mi stavo dimenticando!» Si agita come se avesse delle tarantole nei vestiti e tira fuori un cellulare dalla gomma piuma che riempie il reggiseno. «Hackèr m'ha dato 'sto coso, dice che è irrintracciabile e altre cose che non ho capito, aspetta n'attimo…»

Peppe tocca più volte lo schermo, non si ricorda il codice di sicurezza. «Mannaggia a me… Me so' scurdato 'a password! L'abbiamo scelta proprio perché non mi dovevo scordare… Era… Com'era? "Per password mettiamo un piatto che mi piace, l'arrosto" ho detto io… "No" ha detto 'O Professore "…che poi vedi la cena di Vesuvio, ti metti a mangiare e ti scordi"… Vesuvio!!! Mo me so' ricordato, la password è Vesuvio!»

«Mi vergogno che è mio cugino.» L'infermiera si rivolge a Federico mentre Peppe digita sul cellulare la parola VESUVIO.

«Avvio la videochiamata?» domanda Peppe.

«E che aspetti!»

Peppe tocca lo schermo del telefono e dopo pochi istanti la banda è di nuovo riunita, anche se solo in video.

«Agli ordini, capo!» fanno Hackèr e 'O Professore all'unisono, seduti sul biliardo nella saletta del bar di Johnny l'americano.

«Guagliù, tutt'apposto?» domanda sorridendo Federico.

«A noi lo chiedi? Tu come stai?»

«Sono contento di vedervi.»

«Vesù, ammazza che infermiera che hai!» dice con tono scherzoso 'O Professore, spalancando le dita delle mani davanti al petto per simboleggiare il seno di Peppe travestito.

Tutti ridono, anche Donata.

«Che sapete di Susy?» interviene bruscamente Federico.

Mimmo risponde con il tono delle occasioni importanti: «Sono riuscito ad hackerare il telefono di una delle Sirene, mi è bastato mandare un link a Sirena Cate per la precisione... L'ultimo messaggio che scrive a Susy porta una rivelazione sensazionale: "Vogliamo venire a Milano con te, non possiamo lasciarti sola".»

«È scappata a Milano, capo!» sottolinea 'O Professore.

Vesuvio si fa silenzioso, torvo in volto. I ragazzi in videochiamata e Peppe nella stanza aspettano un suo cenno.

«Forse è meglio se te ne stai chiuso per un po', fino a che le acque non si saranno calmate» interviene timidamente 'O Professore.

«Grazie per il consiglio, Professó, ma nun è tiempo di nascondersi. Andrò a Milano e la troverò. Voi inventatevi qualche cosa per farmi uscire da qua, così 'sta storia la chiudiamo per sempre.»

9.

Alle 3 di notte scatta il piano.
Purpètta attraversa il corridoio che porta alla camera di Vesuvio. È vestito da infermiera, con parrucca, trucco, calze a rete, poppe e tutto il resto. Si apposta dietro la porta di ingresso del reparto in cui è ricoverato Vesuvio e osserva 'O Camiòn seduto alla sua postazione di guardia.

A un cenno di Peppe, Donata attraversa il corridoio in direzione dell'energumeno recando un vassoio con una tazzina di caffè fumante.

«Bellu guaglione, sarete stanco, 'o vulite nu bellu caffè?»

'O Camiòn squadra l'infermiera dalla testa ai piedi, Peppe dal suo punto di osservazione suda.

Donata sfoggia il suo miglior sorriso, 'O Camion si lascia incantare e prende il caffè buttandolo giù con un sorso solo. «Ah, il meglio caffè della vita mia!» esclama, facendo l'occhiolino alla ragazza.

Bastano pochi secondi perché il potente sonnifero faccia

effetto, e 'O Camiòn mentre continua a farfugliare complimenti si addormenta placido come un bambino.

Donata fa un cenno a Purpètta, che arriva di gran carriera saltando sui tacchi.

«È l'ultimo favore che ti faccio, Purpè!» gli dice la cugina prima di andare via.

Peppe si china su 'O Camiòn e, un po' goffamente, guardandosi attorno per accertarsi che la via resti libera, gli sfila le chiavi dalla tasca dei pantaloni.

Quando apre la porta, Vesuvio è già in piedi che aspetta.

«Si na potenza, Purpè!» gli fa.

In punta di piedi, i due raggiungono la fine del corridoio, dove c'è una grande porta a vetri che li separa dall'atrio con le scale e, dietro di essa, una coppia di uomini armati di guardia.

I ragazzi si muovono piano, vanno verso l'ascensore, Vesuvio preme il tasto per la chiamata.

In attesa che le porte si aprano, Purpètta si infila un auricolare: «Hackèr, com'è giù? Possiamo scendere?»

«Procedete, via libera» risponde la voce sicura di Mimmo.

Purpètta chiude la chiamata, si leva la parrucca e il seno finto.

Le porte dell'ascensore, però, sono ancora chiuse.

Federico sposta il peso da un piede all'altro, conta i secondi. *Stiamo impiegando troppo*, pensa.

Le guardie oltre la porta a vetri non si sono ancora accorte di niente, ma per loro sarebbe un attimo bloccarli.

«Dai, dai, dai!» Peppe 'a Purpètta incita l'ascensore, mentre dal fondo del corridoio li raggiunge un rumore.

I due si voltano e vedono la sagoma di 'O Camiòn barcollare verso di loro, trascinando le gambe stanche.

Peppe sbianca mentre Federico si attacca al tasto di chiamata e continua a premere.

«Dai!»

Da lontano, Camiòn punta il dito verso i ragazzi, sta dicendo qualcosa, ma loro non sentono. Allora picchia una manata contro la parete del corridoio per richiamare i suoi uomini armati. Ma mentre le guardie stanno entrando e 'O Camiòn ha quasi raggiunto i fuggitivi, le porte dell'ascensore finalmente si aprono, e Federico e Peppe ci si precipitano dentro.

«Chiudi, chiudi, chiudi!»

Le porte si richiudono un istante prima dell'arrivo degli uomini di 'O Camiòn.

Nel parcheggio sotterraneo, Hackèr e 'O Professore fanno per abbracciare i loro amici e scherzare sul trucco da donna di Peppe, ma Federico li incita a montare in sella agli scooter e fiondarsi via.

La fuga si arresta solo quando arrivano alla Stazione Centrale di Napoli.

«Ci hanno seguito?» chiede Purpè con voce tremolante.

Vesuvio fa schioccare la lingua contro il palato, a dire no, i motorini truccati non perdonano, nessuno sarebbe in grado di stare loro dietro, nemmeno gli uomini di suo padre.

«Ho già preso i biglietti per tutti.» Mimmo spegne il motorino e fruga nella tasca del giubbotto di jeans. «E ho clonato pure un po' di carte di credito, così non avremo problemi a Milano.»

Vesuvio fa segno di no con la testa, ha uno sguardo che gela. «Andrò da solo. È giusto accussì» è la risposta lapidaria, mentre abbraccia i compagni uno per uno.

«Come farai da solo?» domanda Hackèr.

«Me la caverò. Quando mio padre verrà per chiedervi dove sto… diteglielo solo di fidarsi di me.»

La voce di Vesuvio trema appena. Non vorrebbe separarsi dalla banda, ma sa che questa cosa deve farla da solo. È una questione tra lui e Susy.

«Ma non è la tua città, non tieni protezione là.»

«Non ci saranno problemi, fidatevi di me, noi staremo sempre in contatto.» Vesuvio prende lo zaino preparato apposta per lui, se lo mette addosso, si sistema gli spallacci sulla misura più stretta e fa una smorfia.

«Dove starai?» chiede Peppe con preoccupazione, la stessa che agita Mimmo e Gennarino.

Vesuvio li guarda negli occhi per rassicurarli e, prima di sparire tra la folla della stazione, dice laconico: «Andrò da quell'infame di mio zio».

10.

Non c'è mai un procedimento preciso, è come un rito. Un mischiarsi di gesti a volte leggeri e delicati, altre volte improvvisi ed energici. Una volta c'erano le mani di nonno Domenico. Grosse come tronchi di ulivo, mangiate dal sole e dalla fatica del lavoro.

Di lavoro, nonno Domenico faceva il pane. Diceva: «Questo è il mio lavoro», ma era chiaro che non era soltanto un lavoro, era un modo di intendere la vita, spenderla per un motivo preciso e non buttarla via. Sapeva che il suo pane sarebbe stato mangiato da chi aveva sogni da realizzare, fatiche da sopportare, paure da scacciare via. Sapeva che lui li avrebbe aiutati con quel po' di farina mischiata ad acqua e lievito madre.

«Devi farlo bene il tuo lavoro, devi farlo come lo senti tu» diceva nonno Domenico al piccolo Gabriele, suo nipote, mentre impastava in quel modo quasi magico.

Gabriele era cresciuto nel forno come i pulcini crescono avvolti dal calore della chioccia.

«È lievitato qui» diceva Domenico. «Mentre facevo il pane, lui mi è cresciuto tra le mani.»

Osservando suo nonno fare il pane, Gabriele aveva interiorizzato quei riti – quei gesti a volte leggeri e delicati, altre volte improvvisi ed energici –, che lo portavano ogni mattina a riempire lo scaffale della panetteria di decine e decine di chili di pagnotte tutte diverse. C'era la pagnotta da due chili, con crosta croccante e scura, la preferita di Gabriele perché gli ricordava la ruota di una bicicletta per andare lontano. C'era la pagnotta che veniva chiamata *cafone*, perché era della gente semplice. C'erano il pane con le alici, il pane con i pezzi di pancetta, il pane con la provola, il pane scuro, il pane di semola…

Ora di anni Gabriele ne ha quasi cinquanta e di mestiere fa il pane. Non a Napoli però, a Milano.

Alle 3.30 del mattino, alza la saracinesca sul retro della sua panetteria, con gli occhi chiusi dal sonno e la bocca impastata dalla notte. Chiude la porta, si leva la giacca se è inverno, si infila il grembiule anche se è estate e il caldo intenso pare sollevarti da terra, poi con speranza si avvicina al suo banco di lavoro e alza appena il lenzuolo con il quale la sera prima ha coperto l'impasto. Ogni mattina, quando solleva quel telo, ricorda l'ultima frase che gli aveva detto suo nonno, il giorno in cui era fuggito da Napoli perché la vita laggiù, per lui, si era fatta impossibile.

«Ricorda, Gabriè, il pane viene dalla terra. E che cos'è la terra? La terra siamo noi. Ricordalo sempre. E porta la tua terra qui» gli aveva detto, toccandogli il cuore con la punta dell'indice. «Perché quando ti perderai, ti ritroverai qui.»

✸✸✸

Gabriele non si è perso, ma mentre alza la saracinesca che dà su viale Bligny a volte si sente solo. Come ogni mattina si mette dietro il bancone e apre le danze. I clienti sono sempre gli stessi, tanti e diversi l'uno dall'altro. Gabriele sa cosa chiedono al pane, sa che nella crosta e nella mollica, nel gusto delicato e acidulo del lievito madre, cercano altro e lo trovano sempre. Verso le 11, quando ormai il pane è stato completamente venduto, sente la schiena intorpidita e si ferma a pensare. Il suo pensiero è sempre lo stesso.

Partire, andare lontano, scappare un'altra volta come ha fatto tanti anni prima.

Fin da quando era bambino, Gabriele sognava di salire in sella alla sua speciale bicicletta con le ruote di pane e pedalare lontano. Via, subito, senza aspettare. Per questo, un paio di volte al mese, entra nella solita agenzia di viaggi e prenota un volo aereo, o una nave o un treno. Prenota un albergo perso nel mondo, o un rifugio tra le montagne, o una piazzola per una tenda, e prepara i bagagli. Si presenta al gate, o al porto, o al binario, attende l'annuncio del proprio viaggio, ma infine non parte. Torna a casa, in tempo per sentir suonare la sveglia e ricominciare tutto daccapo.

In un pomeriggio uguale a tanti altri, mentre dorme dopo aver pranzato, viene svegliato dal citofono che suona insistentemente. Pensa subito a uno scocciatore, ma gli scocciatori non suonano così. Non come se dovesse venire giù il mondo da un momento all'altro. Si convince di andare a rispondere. *Non mi riaddormenterò più e sarò stanco stanotte al lavoro,* si dice.

«Chi è?» domanda nella cornetta.
«So' Federico.»
«Chi?»

11.

Gabriele sta sulla soglia di casa, appoggiato allo stipite, ancora stordito dalle scampanellate prolungate e da quella voce che gli ha parlato attraverso il citofono. Non riesce a capacitarsi di ciò che sta succedendo, ma poi il rumore dei passi veloci sulle scale e il ragazzo con lo zainetto che appare all'improvviso davanti a lui lo riportano alla realtà.

Guarda Federico, il nipote che non ha mai conosciuto e che sa di avere solo da un biglietto d'auguri di Natale che Luisa, la madre del ragazzo, anni prima gli aveva mandato. Ora, però, sono uno di fronte all'altro, che si guardano dal basso verso l'alto e dall'alto verso il basso; sembrano studiarsi.

Che bello che è, pensa Gabriele osservando i lineamenti delicati del ragazzo, capelli biondi, occhi azzurri e vivi. *È così diverso da come me lo immaginavo... Somiglia tutto a sua madre.*

Vorrebbe dirgli qualcosa che suoni come un benvenuto, ma non fa in tempo a parlare che Vesuvio lo brucia sul tempo.

«Si cchiù brutt'e chello ca pensavo.»

Senza chiedere permesso, il ragazzo gli sfila di fianco ed entra in casa. Gabriele lo guarda basito, chiude di scatto la porta, e si mette come un segugio dietro il nipote che, dopo aver gettato lo zaino a terra, sta ispezionando l'ambiente come se dovesse dare un voto. E a giudicare dallo sguardo, il voto sembra essere basso.

Vesuvio gira per casa, tocca ogni cosa. «Uà... st'appartamento è grande quanto camera mia! Ma almeno lo tieni il Wi-Fi?»

«Non mi serve.»

«E la televisione al plasma?»

«Non guardo la TV.»

«Le casse bluetooth?»

«Cos'è? Blue...?»

«Eh, vabbuò...» Federico apre la porta del bagno. «Manco la Jacuzzi tieni! Ma stai nguaiato proprio, 'o zi'!»

Dopo essere entrato anche in camera di Gabriele e aver lanciato un'occhiata di sufficienza, Federico cerca di aprire una stanza chiusa a chiave, quella in fondo al corridoio. «Qua che ci sta?»

Gabriele si tende come una corda di violino e fa un balzo in avanti. «Questa camera è chiusa per ragioni che non sto a spiegarti, è vietato entrarci, ti faccio divieto assoluto d'accesso.»

Federico rimane immobile a fissare lo zio – spalle alla porta chiusa – e all'improvviso scoppia a ridere. «Ma come parli, 'o zi'? Mi pare il telegiornale! E di' che non posso entrare e fai prima, no? Avevo sentito che eri strano, ma... Comunque non ci stanno problemi: dormo sul divano.»

«Ma... perché... dormi qui?» domanda Gabriele, che è rimasto di sasso e risponde quasi balbettando.

«E che ti pensavi, che ero venuto a prendere il tè?» Federico si toglie le scarpe, si getta sul divano e, senza staccare gli occhi dal telefono che ha appena tirato fuori dalla tasca dei jeans, aggiunge: «A Napoli è scoppiata 'a guerra, papà non vuole che mi sparano. M'ha detto di venire qua, che tu avresti aiutato la famiglia... o no?»

I due si fissano per un istante.

«Puoi fermarti quanto vuoi, fammi solo la cortesia di non chiamarmi 'o zi'.»

«Perché, non sei mio zio, tu?»

«Sì, ma tu lo dici in maniera spregiativa.»

Federico mette via il telefono e lo guarda fisso. «Nun te vulevo offennere, scusami... zio. Vabbuono accussì?»

«Come hai fatto a trovarmi?»

«Non è che ti sei nascosto benissimo.»

«Infatti, non mi sono nascosto.»

«Invece io al posto tuo mi sarei nascosto, dalla vergogna.»

Gabriele accusa il colpo, tace, sente una fitta profonda nello stomaco come gli accadeva quando era giovane e la sua vita gli faceva paura.

«Comunque non ci stanno tanti Gabriele Licata a Milano che fanno 'o panettiere» gli dice, con sufficienza. «Manco il nome ti sei cambiato.»

«Perché avrei dovuto cambiarlo?»

Ma il ragazzo non gli dà retta, ha ripreso a smanettare con il cellulare.

Gabriele si sente a disagio a casa sua, ha bisogno di uscire. «Vado a fare un po' di spesa per la cena» dice.

«'O zi'» gli fa Federico mentre lui è sull'uscio «sei proprio una brava persona.» Dal tono, però, non sembra un complimento, quanto più un'amara sentenza.

12.

Alle 2 di notte, quando Gabriele si sveglia per andare al lavoro, trova Federico in camera che sta rovistando nell'armadio.

«Che fai?»

«Sto cercanno na cupèrta, tengo friddo.»

«Freddo? Il riscaldamento è a venti gradi.»

«Venti gradi? E non ti congeli? Tieni na cupèrta?»

«In quel cassetto in basso, se vuoi c'è pure un pigiama di flanella.»

«'O zi', ti sembro uno da pigiama di flanella?»

«Chiamami zio o Gabriele.»

Vesuvio trova la coperta. «Aaah, di pile! Ci voleva, che bellezza...» Se ne va tenendo la coperta sotto al braccio, torna sul divano, si stende, si copre.

Circa dieci minuti dopo, Gabriele è pronto per uscire, passa dal salotto senza accendere la luce e nel buio mormora: «Buonanotte».

Vesuvio non risponde, Gabriele esce. Il ragazzo si alza, torna in camera dello zio, apre il cassetto in basso e prende il pigiama di flanella. Se lo infila. «Mamma mia, com'è bello caldo...» dice tra sé mentre si accuccia e sente finalmente arrivare il tepore.

Appocundria la chiamano a Napoli, una parola che serve per spiegare quella strana malinconia che ti prende all'improvviso quando ti senti perduto e triste.

A casa sua, quando Federico si alza al mattino, apre le finestre che danno sul mare e sul Vesuvio, fa colazione con una bella sfogliatella calda... Ma a Milano la storia è diversa. In casa di Gabriele, nel mobiletto della cucina ci sono gallette integrali, fette biscottate integrali, muesli integrale ai frutti di bosco. *Ma stai male, 'o zi'?*

Vesuvio pensa sia meglio uscire, fare colazione in un bar, ma il cielo grigio che avvolge i palazzoni fuori dalla finestra lo fa desistere. *Mamma mia e che allegria.* Istintivamente sente che è meglio non muoversi da lì. Torna sul divano.

Scrive ad Hackèr: Uè, cumpagno mio, notizie?

La risposta è immediata: Ancora niente, ci sto lavorando capo. È nascosta bene.

Vesuvio si sdraia, si copre, si assopisce un po'. Il corpo è fermo ma i pensieri corrono, viaggiano, vanno via. *Perché sei venuta a Milano? Che fai in 'sta città? Con chi stai?*

Queste domande lo ossessionano da quando è salito sul treno, per lasciare Napoli. Sa di essere scappato, proprio come suo zio Gabriele tanti anni prima. *Ma io non sono un infame, te lo dimostrerò, papà.*

Così dicendo, chiude gli occhi e immagina Susy camminare da sola in quel suo cappotto rosso. Si addormenta, e anche se non vorrebbe, la sogna.

Poche ore dopo, al risveglio, la noia lo schiaccia. Scarica un'APP di consegne a domicilio, ordina un cappuccino, una sfogliatella. Poi manda un audio ad Hackèr. «Fammi nu piacere, vedi se in zona ci sta qualcuno che mi porta subito na TV con tutti gli abbonamenti, fai portare pure na Play con Fifa, Minecraft e qualche gioco con gli zombie.»

Quando verso le 13 Gabriele infila le chiavi nel portone del palazzo per rientrare a casa, sente una musica altissima, che cresce a mano a mano che sale le scale e si avvicina all'appartamento. Grida, lamenti agghiaccianti, chitarra elettrica.

Al secondo piano viene intercettato dalla signora Maria Ghidelli, giudice in pensione, che gli punta l'indice contro: «Dica a quell'essere maleducato in casa sua che il regolamento del condominio vale per tutti!»

Gabriele annuisce, si scusa rapidamente, si mette a correre lungo l'ultima rampa che lo separa dall'appartamento.

Quando apre la porta, gli pare l'Apocalisse.

Vestiti ammucchiati, calzini, DVD, patatine, TV al plasma: il salotto è pieno di cose che prima non c'erano, compreso un enorme stereo con tre subwoofer.

Quantomeno le grida che si sentono fino in strada non sono quelle di un fight club clandestino che suo nipote ha organizzato in casa, ma quelle degli zombie del videogioco sparate a tutto volume dal nuovo impianto audio.

Federico è talmente preso dalla missione ammazza-tutto che nemmeno saluta. E non si accorge di lui neppure quando lo zio gli grida di spegnere.

«Abbassa il volume!»

«Che cosa?»

«Il volume!!»

Federico allunga una mano verso il telecomando riducendo le urla che riempivano la casa a un sussurro agonizzante.

«Da dove arriva tutta questa roba?» sbotta Gabriele.

«Amici.»

«Che amici? E… quello cos'è?»

Gabriele nota un fiocco azzurro e un campanellino zampettare per casa.

«È il coniglio che ha commosso il Web, non lo riconosci?» risponde Vesuvio, mentre Gabriele osserva la piccola creatura grigia saltellare verso camera sua. «Ne parlano tutti da giorni, ma dove vivi? Il suo padrone teneva ottant'anni ed è morto. 'O cuniglio s'è scavato una tana affianco alla fossa dove è stato seppellito il vecchio. Ho dovuto partecipare a un'asta per prenderlo.»

«Un'asta? Quanto l'hai pagato?»

«Venticinquemila euro. Mi è arrivata anche gabbietta e lettiera, così st'apposto. Però dobbiamo prendergli del cibo. I conigli che mangiano?»

Gabriele pensa a quanto lavoro ci vuole per guadagnare tutti quei soldi.

«Perché mi guardi accussì? Vanno in beneficenza, hanno devoluto tutto. Ho fatto un'opera di bene, no? Ti dà fastidio?»

Gabriele non risponde.

«Se ti dà fastidio, lo rimando indietro o ce lo mangiamo.»
«Non fa ridere.»
«E mica te voglio fa' ridere, non sono un buffone.»
«Lo sai che la signora del piano di sotto si è lamentata? Con quelle casse fai rumore fino in strada.»
«Ah, allora era lei che suonava, ha rotto l'anima tutta la mattina attaccata al campanello...»
«E tu perché non lei hai aperto? Potevi scusarti e abbassare la musica e la TV.»

Federico non batte ciglio, mette mano al telefono e attacca a giocare come se niente fosse.

Gabriele si sente disarmato: dovrebbe riposare dopo una lunga notte di lavoro, invece se ne sta lì, con uno sconosciuto cafone e un coniglio che ha iniziato a rosicchiare le gambe del tavolo.

Così non può funzionare. Ma che cosa devo fare? Niente, ora non posso farci niente.

Mentre Gabriele si avvia verso la sua camera da letto, suo nipote alza di nuovo il volume e gli grida dietro che il coniglio l'ha chiamato come lui!

Gabriele si risveglia poco prima di sera, butta lo sguardo sul tavolo della cucina, zeppo di confezioni di sushi, patate fritte, un pollo arrosto e due pizze. Gabriele non gli dà importanza, non vuole assegnare un altro punto al nipote, così apre il frigo e tira fuori un piccolo recipiente di plastica che mette a scaldare nel microonde. Poi siede a tavola e mangia qual poco di verdura bollita senza nemmeno tirarla fuori dal contenitore.

Federico lo raggiunge e lo guarda con tristezza mista a scherno. «Che c'hai, mal di stomaco?» domanda allo zio.

Gabriele non risponde, continua a mangiare, poi torna al frigo prende una carota e la dà al coniglio che ha commosso il Web, che guardava la sua verdura con golosità.

«Ho provato ad aprire la porta» gli dice a un tratto Federico. «Ma non ci sono riuscito, perché sta chiusa a chiave? Ci stanno cose della famiglia?»

Gabriele appoggia la forchetta senza portarla alla bocca. Questa domanda così diretta non se l'aspettava, prova a cambiare discorso per sfuggire all'imbarazzo. «Non puoi rimanere tutto il giorno chiuso tra queste mura. Milano è bella, piena di cose da scoprire, sai? Quando tornerai a casa, cosa racconterai ai tuoi amici? Che sei stato sul divano tutto il tempo? Esci, magari ti piace.»

Ma Federico non ha nessuna voglia di uscire e vedere Milano. Gli interessa solo rintracciare Susy, sistemarla e tornarsene a Napoli. Prima che suo padre o qualcuno dei suoi riesca a trovarlo.

«'O zi', ma tu precisamente com'è che te ne sei andato da Napoli? Perché hai girato 'e spalle alla famiglia?»

Gabriele si irrigidisce, Vesuvio lo nota e la cosa lo incuriosisce. «Che ti mancava?»

Nell'appartamento cala il silenzio, Federico sa di aver fatto la domanda sbagliata. Guarda lo zio che, avvilito, ha lo sguardo incollato a terra. Nessuno aggiunge nulla, sembrano due statue in un museo deserto.

Federico si alza da tavola e, strisciando le ciabatte di flanella sul pavimento, si avvicina al coniglio. Lo prende in braccio e ritorna sul divano sotto il piumone. «Gabriè, stiamocene qua sotto al caldo» fa alla bestiola, e riprende la visione de *Il Padrino Parte III*: Mike Corleone è vecchio e piange disperato mentre si confessa a un cardinale che gli apre il cuore. Vesuvio continua ad accarezzare il coniglio.

Prende il telefono. Apre la chat di gruppo della sua banda, preme il microfono per lasciare un messaggio audio: «Guagliù.» Tace, deglutisce, e poi con un sospiro aggiunge: «Mi mancate».

13.

I palazzi altissimi del centro lo costringono a camminare con la testa all'insù. La città è in festa, i negozi pieni di luci e le strade addobbate per il Natale gli fanno strabuzzare la vista. Tutto è lucente, strabiliante, più grande di qualsiasi cosa abbia mai visto.

Vesuvio si stringe nel piumino, fa nuvolette di condensa con la bocca. *Mammamì e che friddo*, pensa, mentre si sposta tra la gente intenta in mille compere e faccende. Tutto va veloce intorno a lui, ma senza quel casino e quel rumore che fa la sua città. Il delirio che c'è intorno sembra organizzato, pulito. La cosa non gli dispiace. *Mi prenderò Napoli e poi saranno costretti a darmi pure Milano*, dice a se stesso, perché quando il potere si mette a travolgere tutto come una valanga non lo ferma più nessuno, così gli ha insegnato suo padre.

Sale su un tram, si aggrappa alle maniglie facendosi sballottare mentre osserva dai finestrini la città che scorre. C'è un bel sole che filtra nel freddo, il tram scivola fino alle colonne di San Lorenzo, in Porta Ticinese. Cammina senza meta, per quasi un'ora, ha fame anche se l'orario del pranzo è passato da un pezzo. È che oggi si è svegliato tardi, e solo per colpa di suo zio, che verso mezzogiorno aveva citofonato fino a che Vesuvio non era stato costretto ad alzarsi e rispondere.

«Chi è?»

«Sono 'o zi'.»

«Che è, 'o zi', te si scetato simpatico oggi?» *Che c'è, zio, ti sei svegliato simpatico oggi?*

Gabriele voleva invitarlo a pranzo, ma anche se Vesuvio aveva voglia di uscire era stato troppo orgoglioso per rispondere sì. Aveva detto no, e si era tenuto la fame. Ecco perché adesso è in giro per Milano senza meta e con una voragine nello stomaco.

Camminando tra le vie, si ritrova davanti a un kebab. ANATOLI KEBAB TURKISH, dice l'insegna. Il locale è piccolo, c'è un forte odore di fritto e carne bruciata che arriva fino in strada, molte fotografie di panini con relativo prezzo appese alle pareti.

Vesuvio non ha veramente voglia di kebab alle 3 di pomeriggio. Ma è qualcosa che a Napoli non avrebbe mangiato, non a quell'ora, non così. Gli piace l'idea che suo padre disapproverebbe.

Siede al bancone dietro al quale stanno due turchi, uno sui vent'anni, l'altro sui cinquanta circa. Nel locale non c'è quasi nessuno, solo due uomini in giacca e cravatta che stanno finendo le patatine e la birra dopo aver divorato il panino.

«Buono giorno» dice il turco più vecchio, magro, con un cappello bianco da muratore in testa. Il suo sorriso rivela tre denti d'oro all'altezza dei canini.

Vesuvio lo guarda e fa un cenno con la testa. Il cinquantenne è l'addetto al kebab, il più giovane alle pizze. Nel momento in cui sforna una margherita, Vesuvio spalanca gli occhi.

«Maronna mia, e che è? Se ti cascava per terra era cchiù bella.»

I due turchi si guardano e scoppiano a ridere.

Il più vecchio prende subito in simpatia Vesuvio. «Uè, napulitano!»

Vesuvio resta spiazzato, osserva quello strano uomo mingherlino e con una pancia gonfia come un pallone. «Che fai, sfotti?» gli domanda con un mezzo sorriso.

«Je so' stato cinque anni a Napule e aggio mparato a parlare tua lingua» risponde il turco.

A Vesuvio quel vecchio va subito a genio. «Se t'imparavi a fa' le pizze nun era meglio?»

I due turchi ridono ancora.

«Je la saccio fa' la pizza napuletana, ma qua a Milano no piace pizza molla. Vogliono pizza biscuttata.»

«Siente nu poco, Anatò» lo apostrofa Vesuvio. «Parla turco ca te capisco meglio, e famme nu kebab.»

«Vabbuò, completo? Metto tutto?»

«Miette tutto chello che è buono.»

Il turco dai denti d'oro sorride ancora e inizia a comporre il panino di Vesuvio. «Che fai a Milano, guagliò? Viaggio con famiglia?»

«No, m'hanno detto che il tuo kebab era buono e so' venuto apposta.»

«Hai la risposta pronta, guagliò. Quanti anni hai?»

Vesuvio si irrigidisce. «Quando te fai 'e fatti tuoi, Anatò?»

«Sembri più grande di tua età.»

«E tu sembri cchiù strunz.»

Il turco si zittisce. Studia meglio quel ragazzo biondo dagli occhi azzurri, con la lingua tagliente e il fare da boss. «Io lavoro qui da tanti anni, giorno e notte, capisco subito gente cattiva. Tu sei metà.»

«Metà che?»

«Metà cattivo. Tu sei metà cattivo e metà buono.»

Vesuvio si stanca improvvisamente di quella conversazione, che adesso non lo fa più ridere per niente. «Mi vuoi vedere cattivo completamente, Anatò?»

Il turco abbassa la testa, finisce di fare il panino, glielo passa senza guardarlo negli occhi.

Vesuvio non ringrazia, prende una birra dal frigo e si allontana piazzandosi a mangiare su un tavolino con sgabello alto. Al primo morso pensa: *Maronna e quanto è buono 'stu panino.*

Al secondo morso riceve un messaggio da Hackèr.

L'ho trovata! Ha mandato un messaggio a Cate, segui le mie istruzioni!

Vesuvio si alza di scatto, mette una mano in tasca e lascia sul tavolo due banconote. «Tieni il resto!» grida schizzando via.

Corre lungo il marciapiede e nel traffico, attraversando la strada senza guardare, a perdifiato come solo gli assassini o gli innamorati sanno fare. Corre, vola e i pensieri volano con lui. L'ora della vendetta è arrivata.

14.

Vesuvio – a grandi falcate, petto in avanti, bocca spalancata – accelera in continuazione. Sembra in fuga. Mimmo Hackèr gli manda istruzioni per messaggi audio. *Vai di qua, vai di là!*

«Piano!» gli grida dietro una donna urtata dalla corsa del piccolo boss.

«Maleducato!» tuona un anziano che lo evita per un pelo.

Vesuvio salta giù dal tram numero 14 e corre senza guardarsi indietro. Ansima, sbuffa, il cuore come un tamburo, eppure non molla. *Vedrai, vedrai appena ti trovo,* ripete passo dopo passo mentre le scarpe da ginnastica toccano e lasciano l'asfalto. Attraversa senza aspettare il verde, taglia la strada a un tram che fa stridere i freni e lo rimbrotta con il suo clacson di campanelli.

Adesso si trova in piazza del Duomo. Una piazza immensa, con un albero di Natale gigantesco, alto almeno una decina di metri. Vesuvio fa lo slalom tra gente infagottata e piccioni, ma non alza nemmeno lo sguardo alle guglie della cattedrale, la ignora, la supera, continua a correre. Scansa la folla e si getta in corso Vittorio Emanuele, e, mentre divora la strada che lo separa da Susy, riceve un altro audio di Hackèr.

«Mi sono sbagliato, capo! Torna indietro! Verso il Duomo devi andare, entra in Galleria!»

«Hackèr, te vuó scetà?» *Vuoi svegliarti?*, gli grida di rimando in un vocale a dita sudate e fiato grosso. Vesuvio sente la frustrazione di muoversi in una città che non è la sua, ma più di tutto gli brucia l'idea di perdere Susy un'altra volta.

Hackèr gli invia altri vocali, Vesuvio gira a sinistra, riprende a correre, poi destra, rallenta, piega le gambe appoggiandosi sulle ginocchia per riprendere fiato fino a che non raggiunge la meta: il maestoso Teatro alla Scala.

Vai in biglietteria e ritira il tuo biglietto. Lei potrebbe già essere dentro, lo spettacolo sta per iniziare, gli scrive Mimmo.

Avrebbe preferito beccarla fuori, ma, va bene, la sorprenderà al buio.

«Il biglietto è a nome del "Conte Federico Signore dei Vesuviani e Principe del Golfo. Scusa, capo, è colpa di 'O Professore, dice che così sembri nobile.»

Vesuvio non commenta nemmeno. Vorrebbe chiamarlo e gridargli: "Pigliami n'atu biglietto, scimunito!" ma non ha senso stare a discutere adesso, i minuti passano.

Si avvicina all'ingresso, davanti a lui ci sono una ventina di persone in coda, tutte in là con l'età ed eleganti. Decisamente meglio vestite di lui, che porta jeans e sneakers.

Ma perché Susy è venuta qua?, si domanda mentre, saltando tutti, si rivolge direttamente alla biglietteria.

Molte persone dietro di lui sbottano: «Ragazzo, rispetta la fila!», qualcuno alza la voce più degli altri, ma Federico nemmeno si volta, con l'intento preciso di farli arrabbiare ancora di più e con la voglia di dimostrare che può fare tutto quello che vuole, sempre.

Un ragazzo ben vestito, alto, poco più grande di lui, lo prende per la spalla. «Scusa, tu, rimettiti in coda.»

Vesuvio lo guarda dritto negli occhi, ha dentro la frenesia della corsa e la rabbia di ogni umiliazione che l'ha spinto a Milano, è pronto a tutto, e quando apre bocca la sua voce ha un tono cupo e duro. «Sta' al posto tuo» risponde scrollandosi la mano del ragazzo di dosso, e quello arretra, senza dire più niente. Anche gli altri tacciono, non lo fissano più. Hanno capito che in quell'extraterrestre in coda con loro c'è qualcosa che è meglio evitare di scatenare.

«Il mio biglietto, dicevo» fa Vesuvio picchiettando contro il vetro di plexiglas. E quando rivela il nome "Conte Federico Signore dei Vesuviani e Principe del Golfo", la bigliettaia non batte ciglio. Prende la busta e gliela passa.

Mentre Federico si dirige verso la sala, scatta una foto al nome scritto sulla busta per mandarlo alla chat della banda, accompagnato dalle emoticon della faccina che ride fino alle lacrime.

È sempre stata così la vita di Vesuvio, piena di rabbia e faccine che ridono.

All'ingresso, viene indirizzato verso la sala in cui sta per iniziare lo spettacolo. Qui lo aspetta una maschera del Teatro, una ragazza giovane. «Posso aiutarla?» gli domanda.

Vesuvio si sorprende, è la prima volta che gli danno del lei. «Sto cercando un'amica.»

«Ah, sa qual è il suo posto?»

«No. Ma si chiama Susy. Lunghi capelli scuri...» Vesuvio cerca di descriverla con le mani, e la ragazza sorride.

«Forse ho capito chi è. È una mia collega, lavora qui da poco, si è appena trasferita.»

«Sì» risponde Vesuvio fiutando la pista. «Dev'essere lei!»

La ragazza, nella sua divisa scura, gli fa cenno di seguirla.

Vesuvio le va dietro, segue il suo profilo, capelli castani sciolti lungo la schiena, gonna nera aderente ai fianchi, tacchi. Per un istante si domanda come potrebbe essere la vita al fianco di una ragazza così, che probabilmente conosce almeno tre lingue e potrebbe parlare di lirica e balletto per ore. Stare con lei, lontano dalla guerra e vicino a qualcosa che assomiglia alla semplicità dei momenti belli.

La ragazza si volta, lancia uno sguardo a Vesuvio indicando un punto poco lontano. «Eccola, è là.»

Vesuvio segue il suo dito in mezzo a quel groviglio di persone che si muovono in cerca del proprio posto. Poi d'improvviso la vede, eccola lì la ragazza indicata dalla maschera, sta accompagnando una coppia di spettatori ai loro posti.

«Non è lei» dice. «Non fa niente, dov'è il mio posto?» Vesuvio mostra alla ragazza la busta col proprio biglietto.

Lei legge il suo lungo nome e inarca un sopracciglio. «È davvero un conte?»

«Tu che dici?»

«Dico che questa Susy è fortunata» conferma, sistemandosi i capelli dietro l'orecchio e accompagnandolo al suo posto.

Lui si mette a sedere.

Questa Susy non è fortunata, pensa. Ma la maschera non può sapere quello che Vesuvio ha in mente, voleva semplicemente fargli un complimento. O forse... *Ci sta provando con me?* Federico sente una fiammata improvvisa attraversargli lo stomaco: non è mai stato corteggiato da una ragazza. Da una più grande, poi, non l'ha nemmeno mai immaginato.

Un attimo prima si sentiva padrone di Napoli, di Milano, del mondo, l'attimo dopo è un ragazzino che arrossisce per una parola detta da una ragazza che non conosce e che forse non rivedrà più.

Le luci calano appena, lo spettacolo sta per cominciare. Vesuvio si guarda intorno per cercare Susy, alza lo sguardo verso i palchi sparsi tra i vari ordini, fino al loggione: ci sono centinaia e centinaia di persone. Poi, tutt'a un tratto, in uno dei palchi al terzo ordine, sulla destra della sala, i suoi occhi si fermano.

Susy.

E il buio cala sul Teatro alla Scala.

15.

La figlia dell'Imperatore vuole sposarsi, il suo sposo sarà colui che saprà risolvere tre indovinelli che lei stessa ha concepito. Di questo parla *Turandot*, lo spettacolo che Vesuvio sta guardando.

Federico è tra il pubblico, la musica giunge alle sue orecchie in modo soave, eppure lui non sente nulla. Guarda verso il lato destro della sala, al terzo ordine, dove celato nell'ombra c'è un profilo di ragazza identico a quello di Susy.

Sembra lei, sì, ma diversa, più raffinata, distante dalla guerriera che è Susy.

Intanto in scena Turandot ha decapitato svariati principi incapaci di risolvere i suoi indovinelli, ma ha trovato un pretendente misterioso che la spaventa e la affascina in maniera travolgente.

È lei?, si domanda ancora, questo è l'indovinello che Vesuvio vuole risolvere.

Federico si alza. *Fatemi passare, levatevi*. Gli spettatori infastiditi si scostano, imprecano. Lui se ne frega, si muove nel buio, percorre il corridoio, la prima rampa di scale. Deve vederla da vicino. Deve essere sicuro…

E se è proprio Susy, allora la afferrerà per i capelli e la trascinerà fuori dalla sala.

Ma perché è venuta a vedere sta cosa?, si chiede alla seconda rampa di scale. *Che le importa? Che ci capisce?*

Arriva al primo ordine e si blocca. Susy non può aver scelto da sola di vedere una cosa del genere. Dev'essere con qualcuno.

Alla quarta rampa di scale del secondo ordine Federico rallenta. *Se ci sta una guardia del corpo e mi vede, sicuro si mette a sparà*. Sesta rampa, terzo ordine. *Devo stare attento*. Apre di un soffio la prima porta che si trova davanti, sei spettatori seduti in tre file da due, lei non c'è. Guarda dentro il secondo e il terzo palchetto. Niente.

Spalanca tutte le porte, fino ad arrivare alla sesta. *Stai qua, Susy, lo so.*

La ragazza che non può essere Susy, e che allo stesso tempo non può essere che lei, è seduta nella prima fila. Vesuvio si infila nel palchetto, assicurandosi di non aprire troppo la porta per non far entrare luce dal corridoio. Si nasconde in un angolo, nel buio, invisibile, e osserva la ragazza. Non ha più i capelli neri e non ha più la frangetta. Segue il canto, rapita, tiene in grembo un libretto che scorre riga per riga con il dito indice. Ha i capelli rossi, almeno così suggeriscono i riflessi di luce che giungono dal palco.

Al suo fianco, un ragazzo le sussurra qualcosa all'orecchio. Lei lo guarda, gli sorride.

Non ci sono più dubbi, quel sorriso è di Susy. Anche se cambiata, è lei.

Il principe misterioso ha svelato gli indovinelli, Turandot si rimangia la parola, piange e si dispera, non vuole essere sua sposa. Scandisce la condanna. E Susy, seduta al terzo ordine, canta insieme a lei: «Uccidetelo!»

Il principe incrocia la spada contro i soldati che giungono per ucciderlo, rischiando la vita si lancia nel lungo grido che da un secolo incanta i teatri di tutto il mondo: «Vinceròòòòò!»

Per un momento Federico sente di essere quel guerriero in mezzo alla battaglia. L'applauso scrosciante lo riporta alla realtà, coglie l'attimo per dileguarsi.

Fuori dal teatro è già sera. In mezzo alla folla di spettatori che dal teatro si riversa nella piazza, spunta Susy, accompagnata dal ragazzo che stava con lei. Un tipo atletico, aria da snob, biondo e con un modo dinoccolato di camminare.

Chillo è proprio nu fesso, commenta Vesuvio tra sé mentre li spia senza essere visto. È ancora presto e c'è molta gente in giro, abbastanza per seguire i due senza dare nell'occhio.

Susy e il ragazzo ridono, ogni tanto camminando si sfiorano con la spalla. Vesuvio ribolle dentro. Vorrebbe correre e prendere quel tipo di sorpresa, cacciandolo a pugni, o con la spada, come il principe di Turandot.

Lui prova a prenderle la mano, ma Susy la fa scivolare via mettendola in tasca.

Vesuvio sorride. *L'ho detto che sei fesso!*

Li segue fino a una ringhiera con cancello. Ci sono una

targa – ACCADEMIA MUSICALE DI MILANO – e, dietro, un lungo palazzone semi illuminato da faretti bianchi.

Mo fa una scuola di musica?

Susy citofona, il cancello si apre. Entrano. Vesuvio osserva da lontano. Lei si dirige verso un lato del cortile, il ragazzo dalla parte opposta.

«*Goodnight*, Tom!» dice Susy.

«*Goodnight*, Katie!» risponde il ragazzo.

Federico rimane immobile.

Quindi mo ti fai chiamare Katie?

Che è, tieni paura?

16.

Federico attraversa la notte a passo svelto. Non sente il freddo. Non si accorge della pioggerellina fitta che gli bagna il volto. Cammina e cammina, quasi corre. Un passo dopo l'altro, sempre più veloce. Una fuga senza meta. Il buio lo circonda, le strade sono semi deserte, attraversate solo dai rumori delle auto che sfrecciano veloci.

Federico ha il viso rosso, le vene delle tempie gonfie, serra le labbra e trattiene il respiro fino a quando, bisognoso d'ossigeno, spalanca la bocca e inspira forte, tirando dentro ai polmoni quanta più aria è possibile per poi cacciarla fuori, forte, insieme alla voce che improvvisamente squarcia il silenzio...

'Sta grande stronza.
Sputazza.
Cosa inutile.
Culo secco.
Sei sempre stata una tamarra, una grezza.

Federico gesticola animatamente, immaginando di rivolgersi a Susy.

Dà un calcio violento a un cassonetto.

È venuta a Milano a se fa' na vacanza la principessina, tiene pure 'o fidanzatino inglese! Fai tutta l'innamuratella, ma Tom lo sa chi sei veramente?

Federico arresta la sua corsa, un dubbio improvviso lo assale. *Cioè, ma sto facendo il tipo geloso?*, si chiede ad alta voce. Si guarda intorno spaventato, come se qualcuno avesse potuto sentire, ma per fortuna nemmeno un'anima fa capolino.

Prende il telefono, manda un audio sulla chat della banda. «L'ho trovata» dice. «Stava con degli amici suoi, mi so' buttato in mezzo e ho menato schiaffi, calci e pugni a destra e a sinistra! Tutti che gridavano: "Pietà! Pietà!" Susy che piangeva. "In ginocchio" le ho detto io! "Ti devi inginocchiare!", poi è arrivata la Polizia e sono dovuto scappare, ma la prossima volta la faccio secca!»

La chat si riempie di audio di esultanza, Federico si sente meglio, come se quelle botte le avesse menate per davvero. Ma la rabbia non è sbollita del tutto.

Quando rientra in casa dello zio è notte fonda.

Ansima per aver fatto i gradini a due a due, ma non è stanco, è incazzato. Sbatte la porta così forte che l'eco risuona per la tromba delle scale, si leva la giacca, la lancia sul divano, si guarda intorno. Vorrebbe spaccare qualcosa, ha voglia di litigare, fare casino.

Accende la Play e fa partire a tutto volume il videogioco degli zombie. Le casse stereo collegate alla TV rendono i suoni assordanti. Il coniglio, per la paura, si rintana sotto il divano.

Gabriele sbuca in salotto in pigiama, si guarda intorno spaesato, appena emerso dal sonno e stordito dal baccano. «Ma che sta succedendo qui?» dice.

Federico non gli dà retta, continua a sparare a tutto volume, mentre suo zio tasta lo stereo alla ricerca del pulsante ON/OFF. «Spegni la TV ho detto» lo prega. «Spegnila!»

Mentre Gabriele stacca la spina della corrente e il metal smette di picchiare, qualcuno suona il campanello. Vesuvio non si muove, fissa lo schermo nero al plasma, anche lui all'improvviso si è spento.

«Mi dispiace del rumore» sussurra Gabriele al vicino di casa.

Quello, per tutta risposta, si appoggia alla porta con forza, sembra volerla scardinare. «Gabriele, hai rotto i coglioni! Tu e tuo nipote!»

«Mi spiace, Jacopo, hai ragione, mi dispiace davvero...»

Federico sposta appena il viso, giusto quanto serve per scrutare Jacopo. Maschio sui cinquanta, fisico asciutto, poco più alto di Gabriele, barba curata, occhiali. Sul collo, una vena in evidenza. Vesuvio l'ha inquadrato, è uno di quelli che quando parla alza il tono per sentire meglio la propria voce, uno che gesticola e dice sempre "io".

«Ma come vi viene di fare 'sto casino in piena notte?» continua Jacopo.

«Per favore, scusami, non succederà più» lo prega ancora Gabriele abbassando lo sguardo.

Jacopo agita le mani, impreca. «È da giorni che va avanti 'sta storia, fatela finita!» Posa una mano sul petto di Gabriele, lo spinge in casa.

A quel punto Federico scatta in piedi.

Supera lo zio e la porta aperta. «Oh» fa al vicino.

Jacopo gli ha già dato le spalle e sta per rientrare in casa propria, non gli dà retta. Ma se c'è una cosa che Federico non sopporta è essere ignorato. O umiliato.

In un secondo stacca il piede sinistro da terra, i muscoli si tendono, gli arti si allungano.

La tibia è il secondo osso più lungo dello scheletro umano e si trova al di sotto dell'articolazione del ginocchio, nel segmento anatomico che nell'uomo è conosciuto come gamba. Quando Federico assesta il calcio, Jacopo sente una scarica di corrente che dalla tibia si irradia in tutto il corpo. Si accascia a terra, urlante. Le sue grida svegliano il vicinato e su ogni pianerottolo si apre una porta; qualcuno si sporge, qualcuno mormora, qualcun altro addita il quarto piano, quello di Gabriele Licata.

Federico afferra Jacopo per il colletto del pigiama. «Ommo 'e niente! Nun te permettere mai cchiù 'e tuccà qualcuno della famiglia mia, 'e capito? Je t'accido! A chi 'e fai 'sti minacce, eh? 'O saje chi simmo nuje?»

Jacopo incassa, paralizzato, schiacciato da quel ragazzo biondo e magro. È poco più che un bambino, ma fa paura.

«E mo chiedi scusa a mio zio.»

«Scusa» obbedisce l'uomo. «Scusami, davvero, ti chiedo scusa» ripete Jacopo indietreggiando, mentre cerca di strisciare in casa.

I condòmini che hanno osservato la scena arretrano a loro volta, ognuno chiudendosi la porta alle spalle con cautela, senza un fiato.

Anche Vesuvio rientra in casa, soddisfatto. «Mo stai sicuro che non si permetterà mai più, fidati, 'o zi'.»

Si aspetta quantomeno un grazie, invece Gabriele è impalato. Muto. Scuro in volto.

«'O zi', non mi devi ringraziare» lo rassicura. «Sei di famiglia e nessuno si deve permettere di sbagliare con noi, mo non ti darà più fastidio, li riconosco subito a questi, parlano parlano ma non sono buoni a fare nien...»

«Stai zitto» lo interrompe Gabriele. «Non dire più una parola.»

Federico ammutolisce.

Per la prima volta da quando è a Milano avverte la delusione nella voce dello zio, ed è una cosa che non capisce, perché quello che ha fatto è stato ottenere rispetto.

E il rispetto è la prima cosa che suo padre gli ha insegnato a conquistare.

«Davvero pensi che debba ringraziarti? Ti senti forte, vero? Bravo.» Gabriele si avvicina al nipote che, preso alla sprovvista da quella reazione, appare per la prima volta indifeso. «Io lotto tutti i giorni senza fare violenza» continua Gabriele portandosi la mano al petto. «Lotto per cambiare. L'ho fatto dal primo giorno che sono venuto qui, quando ho deciso di lasciarmi alle spalle il mondo da cui veniamo, e che mi fa schifo, Federico.» Gabriele allunga una mano sulla spalla di Vesuvio, lo tocca, lo stringe. «Per vivere così ci vuole più coraggio di quanto pensi. Molto di più di quello che tu e tuo padre pensate di avere. Voi avete paura, per questo attaccate, per difendervi. La conosco anche io quella paura, era anche la mia, ma adesso non più.»

Gabriele si volta di scatto, lasciando il nipote lì come una statua di sale.

È ora di andare al lavoro, pochi minuti dopo esce di casa. Non si sono salutati, Vesuvio è rimasto fermo in mezzo al salotto, l'ha guardato andare via senza riuscire a parlargli anche se avrebbe voluto. Chissà per dire cosa. Forse una richiesta di aiuto.

17.

E mo come faccio a entrare? Busso comme a nu fesso qualsiasi?

Il retro della panetteria di Gabriele è chiuso da una serranda di metallo. Federico s'aspettava una porta a vetri, un'insegna illuminata, un campanello. Invece niente. Una semplice saracinesca di metallo sbarra l'ingresso. Dall'altra parte si sente il rombo del motore di un'impastatrice.

Suo padre gli ha insegnato a non bussare. *Se entri in un posto dove non ti aspettano, non bussare perché se bussi è come se chiedi permesso come un fesso qualsiasi,* diceva.

Così Federico in tutta la sua vita non ha mai bussato, mai, contro nessuna porta. Certo sa benissimo che l'educazione in questa circostanza specifica gli impone di farlo, eppure non può. *Se tiro un calcio alla serranda, poi lui si offende, pensa che sono venuto per litigare. E se fischio?*

Inspira, porta le dita alla bocca e caccia fuori un gran fischio acuto.

Niente. Non succede niente. Gabriele non ha sentito.

Risponde solo il miagolare lontano di un gatto spaventato. E il tuono dell'impastatrice che continua imperterrito dall'altra parte della saracinesca.

Federico non sa cosa fare, non può bussare. Non vuole nemmeno fare casino in strada, vuole soltanto vedere suo zio.

Può pure essere che se busso non sono un fesso.

Può pure essere che uno bussa per stare a vedere che succede.

Così, davanti alla serranda sul retro della panetteria, in una via stretta e animata dal miagolare di un gatto solitario, nel pieno di una notte qualsiasi e gelida, Vesuvio bussa. Piano, educatamente.

Il primo pensiero è che suo padre non l'avrebbe fatto.

Allora Federico bussa ancora.

Tutto il mondo sembra in attesa. Vesuvio deglutisce, nessuna risposta. *Non ha sentito, ecco lo sapevo, sono un fesso.*

Ma Gabriele ha sentito eccome. «Chi è?» domanda.

«Sono io.»

Lo zio alza la serranda, compare dietro il vetro appannato. «Che c'è? Che ti serve?»

«Niente, volevo vedere dove lavori.»

«Vieni.» L'uomo si sposta di lato per farlo passare.

Vesuvio entra, si guarda intorno, un locale piccolo, un lungo banco da lavoro, poche attrezzature. La farina è ovunque, persino su Gabriele, mani, braccia, grembiule, capelli.

Per un po' nessuno dei due dice niente. Gabriele va all'impastatrice, la spegne. Sembra stia aspettando dal nipote una domanda che tarda ad arrivare.

«Sembri Babbo Natale» dice Vesuvio.

«Se vuoi un regalo, prendi l'impasto e rovescialo sul banco» ribatte Gabriele.

«E che regalo è?»

«Tu fallo.»

Il ragazzo non si muove, mani in tasca. «Da quanti anni è che lavori qua dentro?» chiede.

«Da quasi trent'anni.»

«Bello, mi piace.»

Non è vero, non gli piace per niente. *Come si fa a passare trent'anni qua dentro?*, pensa Vesuvio. Un retrobottega grande come una stanza, pieno di farina che galleggia persino nell'aria, schiacciato da un calore asfissiante che esce dal forno luminoso. Trent'anni sono più del doppio della sua stessa vita.

«Non è vero, non ti piace, ma mi fa piacere che lo dici.»

Vesuvio si leva le mani dalle tasche e si inginocchia sul cestello dell'impastatrice, e con un gesto unico che a momenti gli spezza la schiena rovescia l'impasto sul bancone, come ha detto lo zio.

«Pesa venti chili, li hai sentiti? E questo è il terzo impasto che faccio stanotte. La domenica vogliono tutti il pane in tavola.»

Vesuvio osserva l'impasto allargarsi sul bancone e anche se non lo ammetterebbe ad alta voce pensa che abbia qualcosa di magico.

«Lavati le mani» lo istruisce lo zio.

«Perché?»

«Non fare domande, fidati.»

Federico non è abituato a obbedire, invece ora va al lavandino, si leva il giubbotto, lo appende, si alza le maniche della felpa e si lava le mani sorridendo.

«Questa si chiama michetta» spiega Gabriele, lavorando svelto un pugno di pasta, «oppure rosetta. È croccante, i milanesi ne vanno matti. Io preferisco chiamarla rosetta perché sembra un fiore che sboccia.» In effetti, tra le sue mani, quel pugno di pasta assomiglia a un fiore. «Prova a farne una tu.»

«Io?»

«Eh.»

«E come faccio?»

«Come faccio io.»

Vesuvio ci prova, Gabriele si mette a ridere. Vesuvio ride con lui.

«Questa si chiama tartaruga» continua Gabriele, lavorando un pezzetto di pasta a dorso di tartaruga.

Federico lo guarda incantato, come si guardano i prestigiatori, gli illusionisti che ti portano in un altrove che prima non c'era. Il bocconcino. La lumaca. Il corno. La spiga. La ciabatta. La stella. Un universo intero. Le mani di Vesuvio si fanno sempre più agili, delicate. Dopo circa un'ora, una teglia lunga quanto l'apertura delle sue braccia è pronta per essere infornata, ed è una teglia composta da pagnotte preparate soltanto da Vesuvio.

«Infornala tu» gli dice Gabriele.

Federico apre una delle bocchette del forno alto più di due metri e infila la teglia.

«Sta' a guardare come crescono» mormora Gabriele avvicinandosi al nipote. «Sta' a vedere come diventano grandi.»

18.

Quando ormai tutte le pagnotte sono passate dal roseo all'arancione chiaro e croccante, Gabriele e Federico fanno una pausa. Vesuvio ha nel corpo la fatica del lavoro, ma sente una soddisfazione che non ha mai provato prima. L'alba inizia a illuminare le vie e a gettare ombre rosee sui palazzi, Federico sente rumori in strada ed esce.

Alcuni ragazzi e ragazze, al ritorno dal sabato sera per locali, ridono e si abbracciano, si baciano. Qualcuno grida che vuole un cornetto alla crema, e Federico rientra in panetteria col sorriso, pensando alle paste che sta sfornando lo zio.

Si sistema dietro al bancone, vicino la porta di ingresso, con un grembiule leggermente ingrigito di farina. Su insegnamento dello zio, inizia a riempire i cornetti con una sac à poche. Gabriele dice che tutti vogliono il cornetto alla crema, secondo la ricetta di nonno Domenico. E infatti è vero, quando la porta della panetteria si apre la prima richiesta è per il cornetto alla crema. Anche la seconda, la terza, la quarta.

Dopo la terza teglia svuotata, Federico si mette a contare i cornetti venduti. Trentacinque circa per teglia, un centinaio totali. E in strada la fila continua ad allungarsi.

Tra tutta quella gente, all'improvviso, Vesuvio vede una ragazza dallo sguardo magnetico. Trent'anni appena, un sorriso ammaliante. Capelli lisci fino oltre le spalle, un cappotto scuro che le avvolge il corpo snello e due occhi grandi e verdi che cercano qualcuno. Federico è rapito da lei, dall'ostinazione con cui quella ragazza così bella guarda verso il retro del locale.

Io gli innamorati li riconosco subito, pensa. *Ho il sesto senso proprio.*

«Ciao» dice lei a Gabriele, accennando un saluto timido con la mano destra che ha tirato fuori dalla tasca.

«Ciao, Raffaella» risponde lo zio, con la voce incerta di un timido adolescente.

«Sei già tornato dal viaggio?»

«Sì...»

«Quale viaggio?» domanda Vesuvio in un sussurro.

Gabriele lo zittisce con gli occhi. «Preparo il cornetto alla marmellata» dice prima di voltarsi e fuggire via, lasciando Raffaella di sasso.

«Abbiate pazienza, signorì» le dice Vesuvio sorridendo, prima di raggiungere suo zio nel laboratorio.

Mentre Gabriele riempie il cornetto di marmellata, Federico gli chiede sfacciato: «Gabriè, ma quella chi è?»

«È la responsabile dell'agenzia dove vado a prenotare i viaggi.»

«Quali viaggi?»

«Per favore, continua a riempire i cornetti.»

«'O zi', ma sei fesso o lo fai apposta? Chella femmina è venuta per te!»

«Non usare questo linguaggio!»

«Quale linguaggio?»

«"Quella femmina", ma che modo di parlare è?»

«Okay, *quella signorina*, che è già un miracolo se t'ha guardato, è venuta per te e tu l'hai lasciata così.»

«E che devo fare?» sbotta Gabriele.

«Vai di là, le sorridi, le offri il cornetto e poi le dici: "Posso offrirti anche la cena?"»

«No, non ce la faccio.»

«Allora vado di là e glielo dico io.»

«Che cosa?» Gabriele si allarma, sa che suo nipote ne sarebbe capace. Si leva il grembiule, lo sbatte per terra e gli punta l'indice contro. Vorrebbe ribattere ma è inutile perché Federico ha ragione, così la prima cosa che gli viene è: «Abbassa il volume quando giochi con la Play!» gli intima perentorio prima di avviarsi al bancone dove Raffaella lo aspetta.

Vesuvio se la ride.

«Il cornetto è alla marmellata di ciliegie, come piace a te» dice Gabriele timidamente.

Raffaella sente che c'è qualcosa che non va, sarà l'imbarazzo, sarà la paura. «Quando ti devo?» gli chiede.

«Niente, offre la casa» risponde Gabriele guardandola appena.

«No, davvero, insisto, non sono venuta per questo.»

Per cosa sei venuta?, vorrebbe domandarle lui, ma ripete soltanto: «Niente, davvero, te lo offro io».

«Va bene, allora grazie, ciao.»

«Ciao.»

Vesuvio ha osservato tutta la scena, avverte il motore inceppato dello zio, una specie di tormento che comprende molto bene, perché l'ha già provata quella sensazione. Ogni volta che ha avuto paura di suo padre. Tutte le volte in cui gli è mancata sua madre. Quando Susy gli ha dato il cazzotto.

Gabriele torna al banco, inizia a lavorare veloce, sempre più veloce. All'improvviso Vesuvio tira un pugno al tavolo, una nuvola bianca di farina li avvolge.

I due si guardano.

«'O zi', tu m'hai detto che il mondo da dove vengo io ti fa schifo, ma a te vivere così ti piace?»

Gabriele resta basito, sono parole dure quelle che ha usato suo nipote. Dure e vere, lo sa bene.

Tutto a un tratto getta la sac à poche sul bancone ed esce dalla panetteria correndo nel gelo dell'alba. Si gira intorno, guarda ovunque, lei non c'è.

Corre ancora, fino a quando la scorge lontana una trentina di metri.

«Raffaella!» grida.

Lei si volta.

La panetteria è ormai vuota, Vesuvio mangia il suo cornetto sdraiato su dei sacchi di farina. Quando vede rientrare lo zio, gli dice: «Ha ragione lei, è più buono alla marmellata».

Gabriele non riesce a trattenere un sorriso, Vesuvio capisce subito.

«L'ho invitata a cena, domani sera» annuncia Gabriele prendendo un altro cornetto e sdraiandosi al fianco del nipote.

«E lei che ha detto?»

«"Passi a prendermi tu?"»

Vesuvio all'improvviso pensa a Susy. Non lo fa apposta, è un pensiero che non riesce a trattenere.

Vorrebbe essere sdraiato con lei, ora, davanti al mare, a guardare l'alba, con una sfogliatella in mano e tanti sogni, liberi, senza guerre da vincere.

19.

La sveglia suona puntuale ogni mattina alle 7, Susy ha gli occhi già aperti e puntati al soffitto. Nella grande stanza dell'Accademia Musicale di Milano dormono in quattro, oltre a lei ci sono una ragazza cinese che sta per diplomarsi in violino e due gemelle di Bologna: una flautista e una cantante jazz. In pochi giorni sono diventate compagne fidate. Lin, Marta, Claudia.

Ci sono certi momenti che le sembra quasi di aver riformato a chilometri di distanza il suo quartetto rap. Ma non è davvero così.

Queste ragazze ignorano la vita che Susy faceva prima, la chiamano Catia o Katie, non sanno che è la figlia di un boss. Parlano di musica e di ragazzi, di libri e serie TV viste all'una di notte, quando tutte le luci della scuola sono spente. La chiamano amica, ma non la conoscono davvero.

Sono passati quasi dieci giorni dalla notte in cui Susy se n'è andata da Napoli, eppure il ricordo è ancora vivido: la fuga, le lacrime di sua madre, lo sguardo feroce di suo padre che la abbraccia e promette di vincere la guerra, ma soprattutto le Sirene che le dicono addio cantando – *No Time To Die* – un pezzo struggente di Billie Eilish.

Susy aveva desiderato tanto potersi iscrivere alla prestigiosa Accademia Musicale di Milano, ma la sua famiglia si era sempre opposta.

«Togliti dalla testa 'sti fantasie da cantante! Tu devi stare qua a casa toja e basta!» le aveva detto più volte a brutto muso suo padre, quando lei avevo osato chiedere.

Eppure questa volta, dopo il pugno dato a Vesuvio, era stato proprio Don Cosimo Brando a ritirare fuori l'argomento: «Comme si chiama chella scola 'e musica…? Chella che sta a Milano… Ci vuoi andare ancora?»

Susy aveva sentito dentro una felicità immensa e allo stesso tempo una irrequietudine che non l'aveva mai più lasciata. D'improvviso, si era resa conto che per inseguire i sogni si deve pagare un prezzo altissimo, si deve dire addio alla propria vita e partire.

Ora, con gli occhi fissi al soffitto, si chiede se ce la farà. A cantare, a essere libera, a non avere più paura.

È domenica, oggi può alzarsi con più calma. La prima cosa che vede, quando volta la testa, è la sua chitarra lasciata sulla sedia davanti la scrivania. Ha suonato fino a notte fonda, appuntando note e parole, provando accordi. La scuola e quel mondo nuovo in cui si è immersa la stanno cambiando profondamente. Le lezioni che ha iniziato a seguire hanno stravolto in poco tempo il suo modo di intendere la musica. Quell'energia dirompente che ha sempre sentito dentro è divenuta ora più intima e profonda, sta imparando a controllarla. Sa di aver trovato una voce diversa, forse più sofferta.

Le altre ragazze si stiracchiano a letto dandosi il buongiorno allegramente. Le sorridono come fanno ogni giorno, riempiendola di attenzioni.

Se sapeste chi sono davvero, mi trattereste così?, si chiede Susy nel silenzio della sua testa.

Si butta sotto la doccia calda, lo scroscio potente dell'acqua la aiuta a distrarsi un po'. Si infila al volo i jeans strappati e una t-shirt con l'arcobaleno, senza nemmeno guardarsi allo specchio. Sopra indossa il cappotto rosso, che lascia aperto, ed esce, chitarra a tracolla senza custodia. Scende le scale di corsa, spinge la porta che dà sul cortile, un'ondata di gelo la travolge.

Merda, pensa, *non mi sono asciugata i capelli! Mi verrà la febbre.* A Napoli le piaceva uscire con i capelli bagnati e aspettare che fosse il sole ad asciugarli.

E via a passo svelto, incrociando lo sguardo curioso dei passanti, per raggiungere le colonne di San Lorenzo.

C'è un'aria buona di gente che passeggia con il gusto del cornetto pieno di burro sul palato, un sole timido ha iniziato a farsi sentire. Susy inspira felice, siede sul muretto tra le colonne, si guarda intorno per cercare i suoi compagni di scuola ma di loro, per il momento, non c'è traccia.

È quello il luogo dell'appuntamento.

Aspetta ancora un po', niente.

Allora accavalla le gambe, inforca la chitarra, chiude gli occhi. Inizia a suonare. Le dita, seppur infreddolite, scorrono veloci sulle corde e dopo i primi accordi la voce esce limpida come il sole che riflette sul marmo bianco delle colonne.

Susy canta per sé, dipinge struggenti malinconie che volano leggere. Un capannello di gente inizia a formarsi intorno, ma lei non se ne accorge perché ha chiuso gli occhi. È come se fosse sola, sta andando via lontano, in un altrove dove soltanto la musica riesce a trasportarla, dove le ferite ancora aperte possono essere curate. Susy canta ed è come se piangesse, per la sua terra sventurata, per sua madre e suo padre, per il sangue versato, per le amiche lontane e per i sogni che avevano insieme. E... per lui.

Perché le manca *lui*.

Mancano gli occhi negli occhi e i pretesti per litigare, mancano le battaglie a cento all'ora e la sua voce come il suono del mare e il cuore che batte forte. Manca Federico, manca Vesuvio.

Esegue una scala blues in do, continua a sognarlo.

La voce le si scurisce – le note si fanno gravi – e la lascia andare in un vocalizzo, prima delicato e dolce, poi via via sempre più sofferto, fino a colpire a fondo molti dei presenti.

Sempre a occhi chiusi conclude il pezzo, restando stupita dal fragoroso applauso che scoppia all'istante. Solleva le palpebre, intorno a lei una trentina di persone disposte a semicerchio batte le mani e le sorride.

Una bambina corre ad abbracciarla.

Una donna sui settanta, ben vestita e dai modi educati, si avvicina per dirle: «Meravigliosa».

Un ragazzo congiunge le mani e fa un breve inchino.

«Bis! Bis!» gridano in tanti.

Susy è travolta, grata al cielo per il talento che ha voluto donarle. *Questa è la vita che voglio, questa sono io*, pensa. Sorride a tutti e a tutti risponde con un lungo inchino.

D'improvviso... *Boom*, una bomba le esplode nello stomaco. Vede qualcosa che non credeva possibile, un ragazzo. Lui.

Vesuvio è tra la folla, l'unico a non battere le mani. Senza che lei se ne accorgesse l'ha seguita dall'uscita della scuola fino alle colonne di San Lorenzo, e ora la guarda, immobile, con i suoi grandi occhi azzurri.

Susy trema, come in una caverna gelida, senza via di uscita, si guarda intorno. *È finita*, pensa. Continua a guardare, sicura di scorgere gli altri componenti della banda tra la folla, o peggio ancora Camiòn.

Mi ammazzano, è il suo secondo pensiero, mentre le sembra già di sentire il colpo di pistola o la coltellata trafiggerla dietro la schiena. Si volta. Non c'è nessuno. Controlla più in là, oltre il capannello di gente, agli angoli della piazza e lungo la strada fin dove il suo sguardo si perde. Nessuno. Torna a fissare Vesuvio e tutt'a un tratto si calma. Le sembra di scorgere sul volto di lui un sorriso.

Il sorriso più dolce che lei abbia mai visto sul suo bel viso. Un sorriso smorzato, i capelli mossi dal vento, le mani strette in tasca.

Susy smette di tremare, si lascia trasportare da una nuova energia, calda e benefica, un mare di emozioni la scuote, la fa sentire viva. Muove il primo passo, mentre la folla comincia a diradarsi, guardando ancora il piccolo talento che sul ciglio della strada ha incantato tutti. Il secondo passo, il terzo passo, mette la chitarra a tracolla avviandosi verso Vesuvio che, invece di aspettarla, si volta e va via.

Perché?, pensa subito Susy. *Perché te ne vai?*

Lei accelera, decisa a percorrere in pochi secondi i metri che li separano. «Federì!» dice. «Federì!» ripete ancora, ma Vesuvio non si gira. Lo afferra per un braccio, costringendolo a guardarla. Susy resta paralizzata.

Lui la fissa dritto negli occhi, poi abbassa lo sguardo fino ai piedi della ragazza e lo rialza lentamente, squadrandola. «Nun turnà cchiù a Napule o t'accido.» *Non tornare più a Napoli o ti uccido*, le dice con un tono duro.

Susy tace, smette di respirare mentre lo osserva andare via. Gli occhi le si fanno lucidi. È come se l'avessero pugnalata, il dolore che sente nello stomaco è lo stesso.

20.

Vesuvio è seduto sul divano in salotto, quasi sdraiato, sguardo perso nel vuoto. Non vuole niente, non desidera più niente.

Gabriele sbuca in soggiorno dalla camera, indossa i jeans, una camicia bianca e una giacca blu, è scalzo, nelle mani tiene un paio di scarpe eleganti marroni e uno blu. «Che dici, queste o queste?» domanda mostrandole al nipote.

Federico non risponde, e lo zio capisce subito che qualcosa non va. «Che hai?»

«Torno a Napoli» risponde secco Vesuvio, fissandolo dritto negli occhi.

Gabriele gli si siede vicino. «Perché sei venuto qua? Adesso mi dici la verità?» gli chiede.

Lui annuisce. Sente che lo zio può aiutarlo a capire, a sentirsi meglio, non è più il tempo di mentire. «Per una ragazza» risponde.

«Sei innamorato?» lo incalza.

Vesuvio fa un mezzo sorriso triste.

«Hai paura, vero? È la bellezza dell'amore, ti trasforma: se vuoi stare con lei, dovrai cambiare» dice Gabriele.

«Non è possibile.»

«Perché?»

«Perché io sono figlio a mio padre. Tu 'o saje che tenimmo 'a guerra 'ncapa.» *Tu lo sai che abbiamo la guerra in testa*, risponde Vesuvio, picchiettandosi l'indice destro sulla fronte.

«Sei suo figlio, ma non sei lui.»

I due si guardano a lungo, in silenzio.

La calma di Gabriele pervade Vesuvio, gli trasmette un senso di pace.

«Il bene che vuoi a tuo padre non deve rovinarti la vita, non deve farti diventare quello che non sei. La nostra vita è sacra, quando sentiamo l'amore qui.» Gabriele tocca il petto di suo nipote all'altezza del cuore. «Siamo puri, ma dobbiamo essere forti e difenderci per non tradire quello che siamo. Quando ti perdi, devi ritrovarti qui.» Gli tocca di nuovo il cuore, come aveva fatto nonno Domenico con lui tanti anni prima.

Federico affonda lo sguardo negli occhi dello zio. *Nemmeno mio padre m'ha mai detto una cosa così,* pensa.

Gabriele sostiene teneramente lo sguardo di suo nipote, sente che stare vicini, anche se per pochi giorni, ha fatto bene a entrambi. *Sarei fiero di avere un figlio così*, pensa, vorrebbe dirlo ma non ci riesce. «Non puoi fare niente per riportarla da te?» gli domanda.

«Non possiamo stare insieme, sono le nostre famiglie che si fanno la guerra.»

«Chiamala, anche se non la vedrai più, anche se è l'ultima volta che la senti. Chiamala, dille la verità, non lasciarla in silenzio o te ne pentirai.»

Di slancio Federico lo abbraccia.

Gabriele resta un attimo basito, ma subito lo stringe a sé, e rimangono così.

Il coniglio grigio si avvicina a sua volta e poi attacca a rosicchiare il divano.

Mentre lo zio si prepara per uscire, Vesuvio va sul balcone, nel gelo della sera milanese. Guarda le luci di Natale per le vie, ora accese, ascolta il traffico, inspira, espira, conta fino a tre e poi la chiama. Al secondo squillo, Susy risponde.

Federico non se l'aspettava, non sa che dire, tace. Si lascia scivolare contro il muro, accovacciandosi a terra. *E adesso?*

«M'hai chiamato per startene zitto?» lo incalza lei. «Da quant'è che avevi il mio nuovo numero?»

Vesuvio si porta una mano tra i capelli, si massaggia la testa, i pensieri sono tutti confusi. *Perché l'ho chiamata?* Non ricorda più come si fa a parlare.

«E allora? M'hai chiamato e che mi devi dire? Un'altra minaccia?»

È il tono strafottente di Susy, il meraviglioso tono strafottente di Susy che l'ha sempre mandato in bambola.

«Se chiudi gli occhi, qual è 'a primma cosa che vedi?» le chiede, così, a bruciapelo.

Non sa se Susy gli occhi li chiuda per davvero, ma immagina di sì quando lei gli risponde: «Io e te 'ncoppa 'o motorino, senza paura».

«Je veco chella vota che stavo per baciarti» dice Vesuvio con un filo di voce. «Te lo ricordi?»

Certo che me lo ricordo, pensa Susy.

«Che poi abbiamo fatto finta di litigare perché sono arrivate le tue amiche» continua Federico.

«Io non ho fatto finta, io litigavo veramente.»

Vesuvio sorride in silenzio, dall'altra parte del telefono anche lei sorride senza farsi sentire.

«Veramente mi avresti baciata?» domanda Susy, tenendo gli occhi chiusi.

«Non mi credi?»

«Allora perché scappi da me?»

«E comme facimme a sta' insieme je e te? Hai visto che è successo per colpa nostra? Dobbiamo murì pure nuje dinto a 'sta guerra?»

«Io non voglio murì, io mi voglio salvare insieme a te.» La voce di Susy trema, ha paura ad aprire gli occhi, non vuole far svanire l'incantesimo.

«Forse due come noi, da qualche parte su 'sta Terra, si amano» mormora Vesuvio.

«Non da qualche parte, qui, adesso» risponde lei con un sussurro che fa bruciare Federico. «Non accetto nessun addio da te» continua. «Ti aspetto, vieni subito…»

Lui mette giù. Ecco tornare la paura, le gambe gli tremano. Resta immobile ad ascoltare il suono del traffico, il gelo della sera e il desiderio di lei.

21.

L'Accademia Musicale è una bolgia di ragazzi in festa. È l'ultimo giorno prima delle vacanze di Natale, l'indomani ognuno partirà verso la propria casa chissà dove nel mondo. Un edificio di tre piani che dal cortile fino al tetto è percorso da una festa coinvolgente fatta di musica ad alto volume e birre che passano di mano in mano.

Susy se ne sta seduta su un grande terrazzo all'ultimo piano, tra i compagni di classe presi da balli e canti. Guarda verso i tetti della città, la potenza altera del Duomo lontano illuminato di bianco. Fa freddo ma lei per tutta la sera ha sentito un'agitazione dettata dalla speranza di vedere Vesuvio. Ha controllato mille volte il telefono, nessuna notifica, nessuna chiamata.

Tom le si siede vicino passandole la propria birra, Susy beve.

«*What's wrong*, Katie?» le domanda, scorgendo gli occhi lucidi di lei.

✳✳✳

Vesuvio è davanti alla scuola, indeciso se entrare o meno.

Le parole di Gabriele riecheggiano ancora dentro di lui. *Come si fa a cambiare?*, si domanda. *Tutto quello che sono stato fino a oggi e che dovevo diventare?*

È indeciso se avanzare o arretrare. Nel cortile un gruppo di ragazze e ragazzi sta ballando. Federico alza la testa verso i piani superiori tutti illuminati, c'è un gran casino, non ha voglia di buttarsi là in mezzo.

La chiamo e le dico di scendere. Gli sembra la soluzione migliore. *Non possiamo parlare là dentro.* Pensa anche che farle una sorpresa, stupirla mentre sta cantando, potrebbe essere bellissimo. *Potremmo essere felici all'improvviso*, cacciando via tutta l'angoscia e la paura che spesso li ha accompagnati.

Al diavolo, pensa, varcando il cancello. *Arrivo, Susy.*

La bottiglia di birra è finita, Tom la posa a terra inclinandosi e sporgendo un po' dalla sedia, mentre si rialza si avvicina a Susy e la bacia a sorpresa.

Lei non se l'aspettava, ha ancora nella testa la delusione di non aver visto Vesuvio, la paura di averlo perso per sempre. Mette una mano sul petto di Tom, lo allontana delicatamente. È un suo amico e non vuole ferirlo. «*I'm sorry*, Tom» gli dice.

«*Forgive me*, Katie» risponde lui mortificato.

Restano lì seduti vicini a sorridersi dolcemente come due amici in imbarazzo.

Vesuvio, da dietro la vetrata che si affaccia sulla terrazza, ha visto tutto.

Vorrebbe raggiungerli e spaccare quella bottiglia di birra sulla testa di lui, gridare in faccia a Susy tutto lo schifo che sente per le bugie che solo poche ore prima gli ha detto al telefono.

Ma una calma improvvisa lo attraversa, pensa a Gabriele, alla capacità che ha di parlargli e di calmarlo tirando fuori il buono che c'è in lui. È di questo che adesso ha bisogno.

22.

Gabriele non era mai entrato in un ristorante indiano, ma Raffaella aveva tanto insistito per andare da *Shiva*, il migliore di tutta Milano. La serata era stata piccante, Gabriele aveva soffiato aria dalla bocca continuamente, sentendosi tutto una spezia... cumino, curcuma, curry, peperoncino, zafferano. Sapori nuovi per lui, che gli piacciono, ma...

«Magari non tutti insieme e non in queste quantità» dice a lei, che se la ride prendendolo sottobraccio mentre escono dal locale.

I due continuano a camminare, prendendosi in giro, sfiorandosi appena fino a che non si trovano sotto il portone di casa di Gabriele.

«Perché ti sei fermato?» domanda Raffaella.

«Siamo sotto casa mia.»

«Ah.»

Solo in quel momento lui arrossisce, si accorge che forse avrebbe dovuto chiederle dove volesse andare, se volesse salire. Rimane impietrito sull'uscio, non sa come gestire la situazione.

«Dammi le chiavi» mormora Raffaella. Apre il portone e ci si infila dentro.

Salgono in ascensore stando vicini, guardandosi negli occhi e, una volta arrivati al piano, Gabriele le tiene la porta aperta.

In casa c'è un bel tepore, per fortuna Federico ha sistemato un po' il casino che solitamente lascia in giro, e del coniglio non c'è nessuna traccia.

Raffaella si toglie le scarpe e si mette sul divano. A guardarla, Gabriele prova subito una sensazione di familiarità, come se fossero stati sempre lì, sempre insieme.

Seduti a pochi centimetri l'uno dall'altra sorseggiano un bicchiere di vino e si guardano.

Raffaella è serena, sa che con lui può essere se stessa e questo le piace. «Tu che sei un uomo libero, un esploratore che ha girato mezzo mondo, potresti raccontarmi tante cose, i posti più belli che hai visto, le meraviglie che ti hanno incantato… Le donne che hai incontrato…» Strizza l'occhio come alludendo a chissà quali avventure. «Dai… dimmi…»

Gabriele ascolta ogni parola, ma non dice niente, butta giù un sorso di vino.

«Ehi, Marco Polo… Ho forse detto qualcosa di sbagliato?» chiede Raffaella un po' stupita da quel silenzio.

A un tratto, Gabriele punta i piedi in terra e fa leva per alzarsi, guarda Raffaella accucciata sul divano, le porge una mano. «Vieni con me, devo farti vedere una cosa.»

Lei si aggrappa alla sua mano e lo segue senza domandare,

si fida di lui. Camminando nella penombra della casa, passo dopo passo arrivano di fronte alla porta della stanza sempre chiusa, dove Federico più di una volta ha provato a entrare.

La chiave di quella porta sta nascosta nella libreria di fianco, tra le pagine del libro *Il vecchio e il mare* di Ernest Hemingway.

Vedi che significa a non leggere, Federì, pensa tra sé Gabriele. Infila la chiave nella toppa, apre, accende la luce.

È una stanza importante questa, la più importante dell'appartamento. E l'ha aperta a Raffaella perché è consapevole che se vuole costruire qualcosa di vero è necessario che lei sappia.

Alle pareti centinaia di foto, come carta da parati, tappezzano l'intera camera. Ogni foto un luogo, un volto, un gruppo familiare, lo scorcio di un panorama.

Raffaella si guarda intorno a bocca aperta.

Gabriele chiude gli occhi, poi comincia a percorrere la stanza sfiorando appena le foto con le mani, a ognuna di esse è legato un ricordo, un avvenimento. Sono le foto di una vita, della sua famiglia, della sua infanzia. Sulle pareti scorre la mappa della sua esistenza.

«Avevo diciotto anni quando ho lasciato casa, mi ricordo che pioveva quando sono arrivato in stazione, anche se era quasi estate. Mi ricordo la carezza di mio nonno quando m'ha salutato, nessuno dei due disse niente… Poi sparì tra la folla. Non l'ho mai più visto. Non sono mai più tornato a casa, sono passati trent'anni.

«Sul treno in direzione Milano guardavo Napoli diventare sempre più piccola e mi veniva da piangere, ma non ho pianto. Ho resistito. Nelle mani avevo solo una borsa in cui avevo messo tutte queste foto, erano quello che mi era rimasto di casa mia. Queste foto le ho portate con me perché non volevo dimenticare, e infatti sono stato bravo, non mi sono dimenticato di niente.»

Gabriele si ferma davanti a uno scatto che ritrae un gruppo di ragazzini in costume da bagno sotto l'ombra di due enormi scogli collegati da un ponticello. «Quando eravamo piccoli, d'estate, andavamo a farci il bagno alla Gaiòla, partivamo con le barchette da Posillipo per andare a fare i tuffi dagli scogli, senza paura, a chi saliva più in alto. Io e mio fratello eravamo i più forti di tutti. A volte saltavamo tenendoci per mano dal ponte, e ci tuffavamo a cufaniello, gridando i nostri nomi perché ci sentissero fino a Napoli...» Trattenere il pianto ora, come ha fatto da ragazzo sul treno che lo ha portato via, è ancora più difficile. «A quel tempo mi sembrava tutto possibile, mi sentivo invincibile. Gli amici, la famiglia, Napoli, era tutto a portata di mano, tutto per me.»

Gabriele continua a passare in rassegna le foto, Raffaella lo segue come ipnotizzata in questo tour fotografico della sua vita. Intuisce che c'è qualcosa che lui non le sta dicendo, che in quella storia a colori c'è qualcosa in bianco e nero.

Gabriele è immerso nei ricordi, Raffaella nella sua voce.

Nessuno dei due si accorge che la porta di casa è stata aperta.

Nessun saluto, nessuna TV che si accende.

I passi del coniglio si affrettano verso la stanza proibita, mentre Gabriele, ignaro, accarezza una foto dove sta in macchina seduto dietro e ha le braccia al collo di un uomo e una donna seduti davanti, probabilmente sua mamma e suo padre. In un'altra soffia le candeline del suo decimo compleanno con una marea di gente intorno, in un'altra ancora è bianco di farina dalla testa ai piedi, seduto sul tavolo della panetteria di nonno Domenico.

Raffaella si perde in quei ricordi, le sembra di entrare nelle foto, di vivere quei momenti.

Gabriele si ferma davanti a un'enorme foto che ritrae Villa Licata, oggi casa di Gennaro, luogo lugubre e funereo ma che un tempo era stata rigogliosa di fiori e piena di luce. Gabriele guarda casa sua senza dire una parola, Raffaella gli si avvicina e gli posa la testa sulla spalla per fargli sentire vicinanza.

Lui la guarda. «Come si fa a tornare a casa quando nessuno più ti aspetta? Come si fa? Non si torna. Ti puoi solo illudere di poterla trovare altrove, magari Napoli sta a Tokyo mi sono detto, o tra le dune del deserto del Gobi, magari nonno Domenico si è aperto una pizzeria a Marrakech, nella medina, e un giorno lo incontrerò, e mio fratello invece fa ancora i tuffi al mare dagli scogli hawaiani di Kalaupapa e grida forte il mio nome per farsi sentire... Gabrieleeee...» Il suo grido diventa disperato. «Ho prenotato viaggi, affittato mezzi, ho pagato guide e riservato alloggi, ma alla fine non sono mai partito. Non mi sono mai mosso da qui, schiacciato dal peso di aver abbandonato la mia famiglia laggiù.»

Raffaella comincia a capire. C'è una domanda che vorrebbe pronunciare, ma non osa. *Che cosa hai fatto, Gabriele, per dover chiudere questa porta a chiave?*

«Questo era mio padre» dice Gabriele con la voce che gli trema mentre prende una foto che lo ritrae ancora bambino tra le braccia di un uomo. «Non ho mai detto a nessuno cosa gli ho fatto.»

Raffaella gli prende una mano, senza parlare.

«Mio padre era il re di Napoli, un boss della camorra. È stato arrestato il giorno del mio diciottesimo compleanno, mentre io scappavo a Milano. Sono stato io, Raffaella, a denunciarlo, per questo sono diventato un infame.»

Lei lo tira a sé e lo stringe forte.

Lui si lascia andare in quell'abbraccio.

Federico ha ascoltato e visto tutto, piange di rabbia, nascosto dietro lo stipite.

Si allontana lentamente, per non farsi scoprire.

Non l'hanno sentito arrivare, non lo sentono andarsene.

Appena giunge in strada è agitato da un odio senza controllo. Fuori è tutto buio, ai balconi e in strada non c'è nessuno.

Vesuvio prende il cellulare e chiama suo padre.

Non gli ha mai telefonato, da quando è arrivato a Milano, ma ora è il momento.

Il cellulare suona libero a lungo, poi d'improvviso Vesuvio può sentire il solito silenzio che pervade la sua casa.

«L'ho trovata» dice.

Gennaro Licata non risponde.

«Sono pronto» aggiunge.

«Questo volevo sentire, figlio mio» sentenzia la voce di caverna del boss.

23.

Bar Elodie, via Settembrini, è il messaggio che Federico riceve all'alba.

Ha camminato tutta la notte, senza meta, e ora ha gli occhi rossi per la stanchezza, per la rabbia, per le lacrime che, non voleva, ma ha versato lo stesso.

Vuole solo che tutto questo finisca.

Così entra nel bar, va fino al bagno, sale in piedi sul wc e cerca nello sciacquone, come Michael nel *Padrino*. Quando le sue dita toccano il metallo freddo, sa ancora prima di vederla di aver trovato la pistola che gli uomini di suo padre hanno nascosto lì per lui.

Vesuvio la osserva, è una calibro 9, la pistola dei killer, e il caricatore pieno dice chiaramente che di qui non si torna indietro.

La infila tra i jeans e la schiena. Esce e cammina sul marciapiede stretto di via Settembrini.

Vorrebbe sparare in aria per sfogare la rabbia.

Le immagini di Susy gli affollano la mente. Ma deve cercare di restare lucido.

Vede un parco giochi per bambini dall'altra parte della strada, attraversa. A quell'ora del mattino non c'è nessuno, così nessuno lo ferma quando entra nel castello magico. Si sdraia sul ponte di legno, prende il telefono e scrive a Susy.

Scusami se ieri sera non sono venuto, ci possiamo vedere oggi? Dimmi tu dove.

Si risveglia una manciata di ore dopo, infreddolito. È metà mattina, ma nel castello è sempre solo, nessun bambino ci si è arrampicato dentro. La stanchezza non è passata, ha un fischio nelle orecchie e gli occhi gli scoppiano.

Vediamoci al ponte di ferro dei Navigli, stasera, gli ha risposto Susy.

Oltre al suo messaggio, ci sono molte altre notifiche, chiamate e messaggi di Gabriele, messaggi della banda. Mette via il telefono, senza leggere nulla, ora sa cosa deve fare e non vuole distrazioni.

Sbircia tra le assi di legno del castello, non c'è nessuno nel piccolo parco, potrebbe restare lì se lo volesse. Cercando di non pensare, di chiudere gli occhi e di lasciar passare il tempo. Ma a star fermi fa freddo, e lui non intende fare tardi. Si mette a camminare a caso per le vie sconosciute della città.

Entra in un bar, chiede un panino e dell'acqua, sente di avere come delle bende che pesano intorno a tutta la testa. Gli dà fastidio tutto, suoni, odori, luci.

Per strada, cammina, braccia rigide quasi senza vita. Alza

gli occhi e non vede nulla. Ha lo sguardo perso nel vuoto, annebbiato da pensieri di morte.

Milano è scomparsa, le strade disciolte, i palazzi dileguati nella sera. Il traffico sparito in un'eco lontana, silenziato da un dio senza compassione. I passi affondano nell'asfalto, sempre più pesanti e lenti.

Una domanda scava tra i pensieri come un'ossessione: *Che le dico prima di sparare?*

Non ha risposte, allora continua a camminare. Vorrebbe perdersi, scappare, ma ormai il suo destino lo attende, Gennaro Licata lo ha scritto.

Adesso c'è solo una pistola, infilata tra la cintura e la schiena.

'A cosa migliore è che le sparo alle spalle, pensa.

Lo sa che è da infame, ma non ci sarà nessuno a fargli da pubblico e poi sa che non ce la farà mai a guardarla negli occhi e a tirare il grilletto.

Se le punto la pistola in faccia, quella c'ha pure il coraggio di dire: "Boom".

E non può essere lei a vincere, questa volta.

24.

L'appuntamento è sul ponte di ferro del Naviglio Grande. L'aveva scelto Susy, si era innamorata di quel ponte al primo sguardo. Non sapeva spiegarlo, se ne vergognava un po'. *Vorrei vivere per sempre qua sopra, lontano da tutto,* aveva pensato la mattina in cui per la prima volta l'aveva attraversato, sentendosi libera e diversa da tutto ciò che era stata fino a quel momento. In quella mattina aveva fatto una promessa a se stessa, era arrivata a Milano da pochi giorni, si era appena iscritta alla scuola di musica e sentiva che aveva l'occasione di cambiare per sempre. *Non mi fermerò fino a che non sarò felice,* aveva giurato mentre attraversava quel ponte, *non smetterò mai di cantare.*

Ora che se ne sta lì in attesa di Vesuvio, appoggiata al corrimano arrugginito, guardando i riflessi dei lampioni mossi dall'acqua increspata, sente che quel luogo ha a che fare con il suo destino.

※※※

Sulla strada, in direzione opposta allo sguardo di lei, Federico si sta avvicinando.

La osserva assorta nei suoi pensieri. Gli dà le spalle, ha un cappotto rosso chiaro e i capelli avvolti nel colletto alzato.

A che stai pensando, Susy? Pensa a qualcosa di bello, prima che ti sparo.

Li divide un centinaio di metri. Vesuvio accelera improvvisamente il passo. *Devo sparare e basta senza pensare*, come gli ha insegnato suo padre, così si diventa boss. Non importa se dopo vivi come un fantasma e la tua casa sa di morte.

Passo dopo passo, Federico si avvicina, sempre più veloce, con una sola idea in testa: premere il grilletto, facile come spegnere la luce. Fa respiri brevi, nervosi, uno dietro l'altro. Sale il primo gradino del ponte, il secondo, il terzo e il quarto in un solo salto. Ancora pochi metri.

Il ponte è deserto, c'è solo Susy nel suo cappotto rosso e pochi passanti, lontani, lungo la banchina del Naviglio.

Vesuvio impugna l'arma, la stringe come se fosse la sua salvezza. La estrae.

Ora che è vicinissimo la punta contro la nuca di Susy. E chiude gli occhi.

Boom, pensa.

Non era quella la sensazione che Susy s'era immaginata di provare.

Quella fitta allo stomaco doveva avere il gusto delle favole che si raccontano ai bambini, invece ora sa di paura. Sta per gridare Susy, sta per voltarsi. Eppure non ci crede che lui può farle del male. Chiude gli occhi. Si gira, sta tremando. Ansima. Ha paura davvero, come quando da bambina le sembrava che gli incubi potessero ucciderla. Vorrebbe piangere, ma non lo fa. Tiene gli occhi serrati, mentre avverte il freddo della canna della pistola sulla fronte, in mezzo agli occhi.

«Accìreme.» *Uccidimi*, dice Susy. «Nun te voglio arricurdà accussì, cu 'sta pistola in mano.» Ha un filo di voce che trema, come l'arma che ha puntata contro.

«E mo che staje murenno, ll'ùrdema cosa che vulisse qual è?» *E ora che stai morendo, l'ultima cosa che vorresti qual è?*

«'A tengo annanze. So ll'uocchie tuoje.» *Ce l'ho davanti. Sono gli occhi tuoi.* «E mo spara! Spara!» Susy vede la pistola abbassarsi.

D'istinto gli dà uno schiaffo, come una fucilata.

La testa di Vesuvio si lascia andare e quasi cade. Federico piange.

Susy prende l'arma, la butta nell'acqua. E poi, senza pensare, lo abbraccia forte. Lui risponde all'abbraccio, stringendola altrettanto forte e perdendosi in quell'odore buono. Al collo Susy porta ancora la catenina d'oro a forma di stella che gli ha strappato quel giorno, al *Castello delle Meraviglie*. Susy fa per togliersela ma Federico la ferma. È un dono di sua madre, eppure non lo rivuole indietro. Non dice niente. La bacia sentendo sulle labbra tutta la sconcertante bellezza di un incantesimo.

Labbra nelle labbra, bocca nella bocca, stanno facendo lo stesso sogno senza dirsi nemmeno una parola. Volano liberi nel cielo di Napoli.

Le mani di pietra di 'O Camiòn e dei suoi scagnozzi piombano spezzando l'incantesimo.

Hanno seguito Vesuvio da quando è uscito dal bar con la pistola. Federico era troppo stanco prima per accorgersene, troppo innamorato ora per sentirli arrivare.

Li alzano da terra tenendoli sospesi. Li separano.

Susy e Federico si dimenano, gridano, ma non serve a nulla. Camiòn e i suoi uomini tappano loro la bocca. Susy viene scaraventata in un'auto nera che parte a tutta velocità. Vesuvio viene preso da parte.

Camiòn, prima di schiacciarlo nei sedili posteriori di un suv, lo guarda negli occhi. «Ha fatto bbuono tuo padre a non se fidà 'e te!»

25.

Appena sveglio al mattino, Gabriele aveva guardato Raffaella al suo fianco, si era dato un pizzicotto sulla guancia, pensando fosse un sogno. Si era alzato per preparare il caffè e anche per raccontare a Federico tutto quello che era accaduto, ma di suo nipote non aveva trovato nessuna traccia.

Adesso, dopo ore passate ad ascoltare la segreteria telefonica di Federico, Gabriele è assalito dall'ansia.

«Vuoi... che chiamiamo la Polizia?» chiede timidamente Raffaella che è rimasta con lui in ogni momento.

Gabriele fa avanti e indietro per l'appartamento. Sì, forse dovrebbe chiamare la Polizia, anzi si sente un idiota per non averlo fatto prima. Compone il numero, fa per parlare, si blocca.

«Che c'è? Che ti succede?»

Gabriele cancella il numero, ne digita un altro.

Dopo quasi trent'anni lo ricorda ancora a memoria.

Il telefono squilla a lungo, Gabriele stringe i pugni quando sente rispondere e subito dice: «Dimmi che Federico sta bene».

Gennaro Licata riconosce immediatamente la voce di suo fratello. «Con chi parlo?» domanda.

«Gennà, so' io.»

«Io chi? Potete spiegarvi meglio perché non vi riconosco.»

«Gennà, per favore, dimmi come sta Federico.»

«Ma perché nominate a mio figlio?»

Gabriele sbatte ancora una volta contro quel muro di ottusità e violenza che è suo fratello.

«Secondo me, avete sbagliato numero, qua sta una famiglia perbene che vuole essere lasciata in pace, non chiamate più» dice la voce subdola di Licata prima di riattaccare.

Gabriele è paralizzato, resta muto in piedi in mezzo alla stanza.

«Che è successo?» gli domanda Raffaella avvicinandosi.

«Devo tornare a casa.»

26.

«Non cambi mai» dice Gabriele alla sua città mentre la attraversa a piedi.

Erano anni che non tornava a Napoli, eppure muoversi gli sembra facile e familiare come una volta. È tutto diverso, tuttavia riconosce ogni luogo, i ricordi lo assalgono, non sono più foto chiuse in uno stanzino, adesso, è tutto vero.

Il portone di via Marina al n° 16 è dove Gabriele ha dato il primo bacio, a dodici anni; la piazzetta San Pasquale è il punto d'incontro che lui e Gennaro sceglievano sempre per le uscite serali con gli amici, e poi c'è la salumeria di Concettina, che fa i migliori panini con la mortadella ed è ancora lì, immutata.

«Nun te scurdà maje ra addó vieni.» *Non dimenticarti mai da dove vieni*, gli aveva detto suo nonno prima di salutarlo per sempre. E così era stato, Gabriele non s'era dimenticato di niente.

Quando però arriva in via dei Tribunali, al n° 100, a Forcella, nel cuore antico di Napoli, anziché trovare la panetteria di nonno Domenico vede solo una saracinesca abbassata. Scrostata dagli anni, arrugginita, senza insegna e senza quel profumo di pane che Gabriele ricorda ancora così bene.

Si rivede bambino, con quel nonno che lo ha amato così tanto, e che gli ha insegnato a lavorare la farina, a domare il calore del forno e a creare il pane.

Gabriele si asciuga le lacrime, guarda ancora una volta quel posto, come a volerlo imprimere più forte nella mente. Allunga una mano e sfiora la serranda chiusa, un gesto lieve come una carezza, prima di andare via.

Si è fatta ormai sera, Gabriele si ferma dopo aver camminato quasi un'ora, è arrivato.

Davanti ai suoi occhi si profila quella che un tempo è stata anche casa sua: Villa Licata. Ma ora è tutto diverso. Il posto appare spettrale e abbandonato come non era mai stato.

Questa non è più casa mia, pensa tristemente facendo piccoli passi all'indietro come ad allontanarsi.

«Tu ccà nun si persona gradita» esclama minacciosa una voce alle sue spalle.

Gabriele si irrigidisce, non fa in tempo a girarsi che gli viene ficcato in testa un cappuccio nero. Prova a dimenarsi e a urlare per sfuggire alla presa, ma un colpo ben assestato all'altezza dello stomaco lo piega in due e gli spezza il fiato. Viene afferrato violentemente e trascinato via, fatica a tenere il passo. Inciampa in un ostacolo, è costretto ad alzare i piedi da terra per non cadere e gli uomini che lo trasportano barcollano per un attimo, ansimano e sbuffano, tirandolo bruscamente via come un sacco di patate.

Quando sente una porta chiudersi dietro di lui, capisce di essere entrato in casa, ma questo lo terrorizza ancora di più.

«Dove mi portate?» ha il coraggio di dire ma la stessa voce che lo ha gelato in strada urla: «Statte zitto!» producendo una eco nelle stanze vuote che fa paura.

Un piccolo rumore di motore elettrico, seguito dall'apertura di quella che gli sembra una porticina metallica lo fa tremare. *Qui è dove mio fratello ammazza la gente!* Il timore è confermato quando sente sotto i piedi ripide scale che lo costringono a scendere verso il fondo.

Gabriele riesce a stento a mantenere l'equilibrio, i due fanno ancora più fatica a tenerlo e dalla stizza stringono più forte la presa sulle braccia, facendolo urlare dal dolore, fino a quando una spinta potente lo fa cadere carponi.

«Mi piace vederti così, inginocchiato!»

Il timbro di voce di suo fratello è inconfondibile. L'aria attorno sa di sigaro.

Altre voci si uniscono a quella di Gennaro Licata, devono essere almeno in dieci, ma Gabriele non vede niente, ha paura. Prova a rimettersi in piedi, ma qualcuno si avvicina e con un calcio lo rimette in ginocchio. Prima che un corpo metallico spinga forte sulla tempia. Gabriele non ha dubbi, è la canna di una pistola.

«Che t'abbiamo detto quando ti abbiamo cacciato trent'anni fa?» gli sussurra Gennaro all'orecchio, il sibilo della sua voce fa il rumore di una lama affilata di coltello. «Che se ti dimenticavi di noi e non tornavi potevi vivere la tua vita inutile. E invece che hai fatto?» Spinge ancora più forte l'arma sulla tempia. «Sei tornato.»

«Carogna!»

«Traditore!»

Voci di uomini si mischiano in una cantilena di insulti, sembra una gara. Ma Gabriele sta fermo, una statua di gesso, non una parola, non una reazione.

Fino a quando il *clic* del caricatore dell'arma scatta e fa scendere il silenzio nella stanza.

«Lo sai perché hai campato fino a mo? Perché nostro padre ha ordinato che nessuno ti poteva toccare. Dopo tutto quello che gli hai fatto, ti ha pure perdonato. Ma je nun so' accusì e chesta è 'a vendetta c'aggio sempre sperato.»

Sotto il cappuccio, Gabriele chiude gli occhi. *Forse è giusto così*, pensa, poi trattiene il fiato.

«È inutile sprecà na pallottola, papà.»

È Federico a sfilargli via il cappuccio dalla testa.

Gabriele apre e chiude gli occhi più volte, per riabituarsi alla luce.

Suo fratello sta in piedi davanti a lui con l'arma ancora alta. È invecchiato, ora i suoi capelli scuri sono striati di grigio e una sottile ragnatela di rughe gli si apre attorno agli occhi e alle labbra. Ha la barba sfatta e due profonde occhiaie nere.

Al suo fianco c'è Federico.

Nel vederlo Gabriele vorrebbe piangere, ma si trattiene. Suo nipote ha il volto tirato e non tradisce alcuna emozione. Ha lo sguardo assente, sembra un automa, Gabriele non lo riconosce.

Intorno a padre e figlio, i maggiori esponenti del clan Licata. Il bunker è diventato un accampamento: letti ovunque, coperte gettate sui divani, resti di mangiate e bottiglie vuote di alcolici.

Gennaro indica Gabriele con la canna della pistola, guardandolo con assoluto disprezzo. «Tiene ragione mio figlio, non vali manco una botta in testa.»

Vesuvio si gira verso suo padre, che lo accarezza dolcemente sulla testa.

«Federì, glielo vuoi dire a tuo zio quello che pensi di lui veramente?»

All'ordine diretto, il ragazzo obbedisce.

Con una violenza inaudita grida in faccia allo zio parole di rabbia e di odio: «Tu hai fatto la cosa più schifosa che un uomo può fare... Hai tradito la famiglia! Hai denunciato a tuo padre! Per colpa tua, è morto dietro alle sbarre!»

Quelle parole sono lame affilate che trapassano il cuore di Gabriele, riportandogli alla memoria il ricordo più triste della sua vita.

«È vero, ho denunciato mio padre, ma l'ho fatto per salvarlo, perché lo amavo. Non volevo che finisse ucciso come un cane in mezzo a una strada di 'sta città.» La voce gli trema, Gabriele resiste. «Hai capito, Federico? Pensavo che vivere è meglio che morire, mi sbagliavo, vero? Perché la vita non conta niente se non hai rispetto e potere! E allora è stato giusto pure che tua madre sia morta per una guerra che tuo padre ha voluto! Ne valeva la pena per tutto quello che oggi è diventato! E che diventerai tu!»

Negli occhi di Vesuvio passa qualcosa. Gabriele non capisce cosa, ma gli tende una mano.

«Tu però non sei così» gli sussurra. «Tu, non sei come loro. Io lo so.»

Federico prende la pistola dalla mano di suo padre, la punta con violenza contro la fronte dello zio. «Vattene e non ti fare vedere mai più, sennò la botta che ti ammazza te la sparo io.»

Quando Gabriele viene trascinato via, Vesuvio torna al fianco del padre. Lo ascolta dare ordini ai suoi uomini per il grande incontro che verrà l'indomani con Don Cosimo Brando, che è disposto a cedere tutto pur di riavere sua figlia.

Susy vale la fine della guerra, vale tutta Napoli.

Vesuvio ascolta come assente, le parole di Gabriele gli martellano ancora dentro.

27.

Luisa, la madre di Federico, era stata uccisa in un agguato mentre si trovava in compagnia del marito. Era stato quell'omicidio a scatenare una terribile guerra di camorra e a segnare definitivamente l'inarrestabile ascesa di Gennaro Licata. Luisa non aveva ancora quarant'anni e Federico si preparava a festeggiare il suo settimo compleanno.

Del giorno in cui sua madre non tornò a casa, ricorda poco, perché da ricordare c'è una cosa soltanto: il regalo di lei e il biglietto di auguri. E poi il silenzio. Le tende tirate, lo scuro per tutta la casa che non è andato più via.

Anche se era solo un bambino, Federico aveva capito subito che quel giorno qualcosa non andava. Alla sua festa non arrivava nessuno, l'intero programma scrupolosamente stilato insieme alla mamma era in ritardo. Si era trovato da solo nella grande sala con terrazzo di Villa Licata a gonfiare i palloncini colorati e mettere i piatti di plastica sul tavolo. Poi aveva aspettato. La mamma, la torta, gli invitati. Suo padre.

Non era venuto nessuno. Alla fine, quando il pomeriggio era diventato sera, era arrivato 'O Camiòn tutto agitato, l'aveva preso in braccio e l'aveva portato via.

«Il regalo di mamma!» aveva gridato Federico puntando gambe e braccia in direzione di quel pacchettino che lo aspettava da giorni sul tavolo della sala. Luisa gli aveva fatto promettere di non aprirlo, nemmeno leggere il bigliettino. E Federico aveva mantenuto la promessa.

Camiòn l'aveva trascinato in un posto scuro che Federico aveva imparato essere il bunker sotterraneo dove le persone sparivano per sempre. Qui aveva ritrovato suo padre. Di quell'incontro ricorda la freddezza controllata con la quale Licata gli aveva detto: «Hanno sparato a tua madre, Federì, ma io ti giuro che la vendicheremo e che questa città sarà tua».

Ad aiutare Federico a uscire da quel dolore, era stato proprio il regalo di sua madre. Una catenina con ciondolo d'oro, una stella, insieme a un bigliettino, scritto in bella grafia, con lettere gonfie come certe giornate piene di vento. *Sei il mio Vesuvio. Mamma.*

Questo l'ultimo ricordo di lei, accompagnato da una domanda sempre più grande, giorno dopo giorno: *Perché mi hai chiamato così?* Fino a fargli sentire dentro la rabbia prepotente del vulcano, in ogni notte di pianto, in ogni notte in cui sentiva la voce di sua madre chiamare, senza trovarla mai. Fino a trasformare quel bigliettino di auguri in acqua battesimale. Era diventato Vesuvio.

Un frastuono lontano sveglia Federico nel cuore della notte, scuotendo il letto come un terremoto.

La stanza intera balla, si ribaltano gli oggetti dalle mensole, sbattono le ante dell'armadio come mosse da fantasmi impazziti. Le sedie, i tavoli, i divani e tutto quello che è a terra viaggia lungo il pavimento come su una nave in tempesta.

Federico corre in salotto scalzo, schiva la poltrona di suo padre che gli sbarra la strada all'improvviso. Raggiunge il bagno, entra nella doccia spingendo la porta del passaggio segreto che conduce al bunker ed esce di casa. Salta in moto, corre.

È il Vesuvio che fa tremare la terra. *Mi sta chiamando.*

Le strade sono deserte, le file di lampioni in strada si spengono all'unisono al passaggio del motorino che taglia veloce l'asfalto. Tutto gli dice di fermarsi, di tornare indietro, ma Federico continua ad accelerare, anche se la strada ora inizia a salire, sempre più ripida, l'aria più fredda.

D'improvviso, alza lo sguardo e lo vede, il Vesuvio è vicinissimo. Gigante e dirompente come un cielo scuro.

«Mi stai chiamando, Vesuvio? E allora dimmi che vuoi!» grida.

È la voce di sua madre a rispondergli, dice: *Corri, Federì, corri.*

«Corro, mamma, aspettami!» urla Federico di rimando, i capelli al vento, il volto bruciato dal gelo, gli occhi che lacrimano, mentre le mani riescono a malapena a tenere la presa del manubrio del motorino. «Mamma, aspettami!» prega, uscendo a tutta velocità da un tornante stretto, accelerando ancora per raggiungerla.

Punta lo sguardo verso la costa, davanti a lui si apre la città, un groviglio di luci come un cielo stellato. Le isole lontane come pianeti infuocati nel mare. Poi all'improvviso tutto si spegne: Napoli, Ischia, Capri, Posillipo, è un blackout totale. Restano solo il cuore rosso e pulsante del vulcano, i fari del motorino e il cuore di Federico che batte a mille come un tamburo in battaglia.

È arrivato in cima. La strada si fa sterrata, Federico tiene il manubrio con forza fino a quando la ruota davanti scarta di lato e il motorino finisce sulla ghiaia.

Ora, finalmente, silenzio.

Corri, Federì! Corri!

Ne è certo, la voce di sua madre non è più soltanto nella testa, ma è lì, nell'aria, nel buio e lo sta chiamando.

Corri!, ripete Luisa.

Finalmente la vede, poco lontana, correre a piedi nudi come faceva un tempo, la vede voltarsi verso di lui, tendergli la mano e ridere. *Prendimi se ci riesci!*

«Aspettami!» risponde Federico. Si alza di scatto, inizia a correre sempre più veloce fino ad arrivare a un passo da lei, e a vederla svanire.

Federico piange, vorrebbe smettere di respirare e grida di rabbia: «Dimme che vuó, Vesù!»

Continuando a correre, supera il limite del sentiero e salta lasciandosi cadere nel fuoco del cratere.

Morire in un mare di lava esprimendo un desiderio: *Che muoiano tutti con me.*

Il vulcano ascolta la sua preghiera e lo accontenta. *Boom.* Esplode d'improvviso, facendo tremare ogni essere vivente sulla Terra. Napoli grida, brucia. Gennaro Licata non si alza nemmeno dal letto, lo sa bene che la fine è arrivata ed è inutile scappare, la lava sfonda le pareti e lo travolge. Hackèr, 'O Professore e Purpètta spalancano le braccia alla morte, gridano selvaggi come hanno sempre fatto in sella al fianco di Federico. Susy alza gli occhi verso il cielo infuocato che sta per piombare su di lei, sussurra tra sé: *Amore mio*.

Federico si è sciolto nella lava, per la prima volta non sente paura, non sente rabbia. Solo pace. Finalmente può sentire l'abbraccio di sua madre.

«Mamma, ho sempre voluto chiederti una cosa» le dice.

«Che cosa?» risponde Luisa dolcemente.

«Perché hai detto che sono il tuo Vesuvio?»

Luisa scoppia a ridere. «Perché? Perché tu sei come questo vulcano. Puoi essere pericoloso, oppure puoi essere grande e meraviglioso. Io, quando ti guardo, lo so che vulcano sei, ora devi decidere tu chi vuoi diventare.»

Federico riapre gli occhi all'alba, casa sua non è crollata.

Si alza, attraversa il corridoio, il salone, tutto è in ordine. Raggiunge l'uscita del bunker, sale in motorino. Corre via in una fuga solitaria. Ripensa ai suoi giorni a Milano, al coraggio di Gabriele, all'ostinata voglia che Susy ha di cambiare ed essere migliore. E pensa che sì, un modo per cambiare le cose esiste. Quando frena e spegne il motorino, si ritrova davanti a un palazzo bianco, gigantesco, pieno di finestre.

È la Questura di Napoli.

All'agente scelto che attraverso l'interfono gli domanda: «Desidera?», Federico risponde d'un fiato: «Mi chiamo Federico Licata, sono venuto a denunciare mio padre».

28.

'O Camiòn guida spericolato, una volante della Polizia lo sta inseguendo a sirene spiegate. «Affammocca!» grida accelerando ancora, scansando all'ultimo le vetture nel traffico.

Un'altra volante compare all'improvviso dal senso opposto di marcia e si blocca in mezzo alla carreggiata. È finita, sembra finita. Ma 'O Camiòn sterza, si infila contromano in una strada piena di macchine, le volanti lo imitano e si gettano dietro di lui.

'O Camiòn le segue attraverso lo specchietto retrovisore, quando torna a guardare dritto davanti a sé si accorge di un fitto posto di blocco che arresta la sua corsa. Deve arrendersi.

«Antonio Cammarano detto 'O Camiòn, la corsa è finita sei in arresto» gli dicono tirandolo giù dall'auto e serrandogli le manette sui polsi.

Da una delle volanti del posto di blocco, sguscia fuori Federico.

«Vesù! T'hanno acchiappato pure a te?» grida l'energumeno mentre viene scortato da due agenti.

Federico non lo degna di uno sguardo, si precipita verso il bagagliaio dell'auto. Apre lo sportello e finalmente fa tornare Susy alla luce. Le toglie il bavaglio, slega i lacci ai polsi e alle caviglie. La tira a sé. I due si ritrovano l'uno nelle braccia dell'altra, come se niente e nessuno li avesse separati dal primo bacio sul ponte del destino.

L'appuntamento è in uno slargo lungo il crinale del Vesuvio, i convogli d'auto delle due famiglie rivali salgono dai versanti opposti. Giunti sul luogo, si fronteggiano fermando le auto una davanti all'altra. I due boss escono dalle vetture scortati dai propri uomini, l'aria si fa tesa.

Gennaro Licata guarda sprezzante Cosimo Brando, i due sono a pochi centimetri l'uno dall'altro.

«Addò sta mia figlia?» chiede Cosimo.

«Stai tranquillo, mo la vedi arrivare.»

«Se le è successo qualcosa, io...»

«Tu che cosa?» lo interrompe Don Gennaro Licata, togliendosi gli occhiali e puntando i suoi occhi di fuoco. «Che fai, fammi capire?»

Don Cosimo è inerme. È disposto a subire ogni tipo di angheria per proteggere l'incolumità della figlia. È disposto a cedere perfino Napoli per lei. Abbassa il capo, parla a mezza voce: «Niente, non faccio niente».

In quel preciso istante, una berlina nera di grossa cilindrata risale uno dei tornanti che portano allo slargo e si ferma a una ventina di metri dai due contendenti.

«Hai visto, Cosimì?» dice Gennaro. «Tu riavrai tua figlia e io in cambio mi piglio Napoli, i tuoi uomini, le tue armi e le piazze di spaccio… Siamo d'accordo?»

Cosimo si inginocchia con le lacrime agli occhi e grida la resa: «Da questo momento non so' cchiù nisciuno, mi arrendo e lascio tutto a Don Licata».

Gli uomini di Brando depongono le armi mentre quelli di Licata gridano al cielo urla di vittoria.

La porta della berlina nera si apre in quel momento. Susy scende. Cosimo sospira. Gennaro sorride.

Poi si apre un'altra portiera, e scende Federico.

Questo Don Gennaro Licata non l'aveva previsto.

Susy tende la mano a Federico, camminano passando attraverso le fila di uomini armati che li guardano stupiti, fino ad arrivare al centro della scena. Si rivolgono rispettivamente ai propri genitori, pronunciano una frase, all'unisono.

«Ti voglio bene, papà.»

Tutti alzano gli occhi al cielo nel momento in cui un elicottero della Polizia si staglia sulle loro teste alzando tanta di quella polvere da accecarli.

Dalle stradine laterali salgono veloci altre volanti.

Licata guarda suo figlio negli occhi, lo stesso fa Brando con Susy. Poi entrambi alzano le mani e si inginocchiano a terra. Tutti i loro uomini fanno lo stesso gettando lontano le armi.

Un'onda di sirene si spande per Napoli, si aprono botole, scorrono pareti meccaniche, tornano alla luce latitanti, armi, stupefacenti. La notizia straordinaria corre su ogni social, ogni radio, ogni TG. Un mare di mani batte come in

tempesta, in segno di giubilo, in ogni vicolo, in ogni casa.
Napoli è libera.

La televisione racconta quello che è successo, Federico e Susy sono stati i primi. Poi tutti i figli dei più grandi delinquenti della città hanno denunciato le proprie famiglie. Il telegiornale titola: «Napoli salvata dai bambini».

Piazza San Gaetano è gremita di gente, un piccolo palco è stato allestito sotto la statua del santo che, a braccia spalancate, accoglie tutti.

Le casse cominciano a spingere un bit rap che fa ballare la folla. Susy e le sue Sirene fanno il loro ingresso trionfale.

Hackèr, Purpètta e 'O Professore battono le mani scatenandosi in urla di festa. Federico li guarda e ride, poi si volta, dietro di sé Gabriele e Raffaella tengono il tempo felici come due ragazzini. Il canto di Susy tocca il cuore di ognuno, è un inno d'amore. Dalla piazza parte un flashmob che coinvolge tutti i vicoli, le strade e i quartieri della città finalmente libera.

Il Vesuvio guarda dall'alto e sbuffa una nuvoletta bianca in segno di pace.

GLI AUTORI

MARCO D'AMORE è attore, regista, sceneggiatore e produttore. Dal 2005 scrive, dirige e produce per il teatro, il cinema e la televisione. Fondatore con Francesco Ghiaccio, Giuliano D'Amore e Serena Chiaraviglio della casa di produzione cinematografica e teatrale *La piccola società*, ha al suo attivo due lungometraggi (*Un posto sicuro*, Nastro d'Argento 2015 per il valore civile, e *Dolcissime*, presentato al Giffoni Film Festival nel 2019).

Nel 2018 ha diretto e interpretato *American Buffalo* di David Mamet, vincitore di due Maschere del Teatro. Nel 2019 ha esordito come regista con il film da lui scritto e interpretato *L'immortale*, Nastro d'Argento 2020.

È direttore artistico, regista e interprete della serie TV *Gomorra*.

Insieme a Francesco Ghiaccio ha scritto il romanzo *Un posto sicuro*, tratto dall'omonimo film.

FRANCESCO GHIACCIO è nato a Torino nel 1980, ma è cresciuto nel Monferrato dove tuttora risiede. Regista, autore di teatro (*Affettati all'italiana* 2007, *L'acquario* 2012, *L'agnello* 2013) e sceneggiatore (*Cavalli* 2011, *L'immortale* 2019), esordisce alla regia cinematografica con *Un posto sicuro*, cui segue *Dolcissime*, entrambi scritti con Marco D'Amore.

Arbitro di calcio per dieci anni, sognava di vincere il Giro d'Italia. Ha corso due mezze maratone, una sotto la neve, l'altra sotto la pioggia. È docente di storytelling e sceneggiatura. Da un paio d'anni è anche maestro alla scuola elementare, nella stessa classe in cui era stato allievo.